Piano Adult für Anfänger:

Beginnen Sie zu spielen und meistern Sie ikonische Klassiker mit einfachen, von Experten angeleiteten Techniken

Cameron Hainbach

einschließlich, aber nicht beschränkt auf Fehler, Auslassungen oder Ungenauigkeiten.

Inhaltsübersicht

Einführung

In den folgenden Kapiteln werden wir all die Dinge besprechen, die du wissen musst, um dir beim Klavierspielen zu helfen. Wir werden uns einige wichtige Teile ansehen, darunter die Akkorde, die besten Übungen, um Ihre Finger zu stärken, und vieles mehr. Klavierspielen macht sehr viel Spaß und hat viele Vorteile, wie wir besprechen werden, und dieser Ratgeber wird uns dabei helfen.

In diesem ersten Buch werden wir einige Zeit damit verbringen, viele der Grundlagen zu betrachten, die wir über das Klavier wissen sollten. Wir können damit beginnen, warum das Klavier das Instrument ist, für das Sie sich entscheiden sollten, unabhängig von Ihrem Alter, und einige der Vorteile der Arbeit mit dem Klavier im Vergleich zu einigen der anderen Instrumente da draußen. Wir werden uns auch ein wenig damit beschäftigen, wie Sie Ihr Instrument richtig pflegen und instand halten. Wir werden uns mit dem besten Platz für das Klavier in Ihrer Wohnung befassen, mit den Vorteilen der Reinigung und Wartung des Instruments und mit der Frage, warum Sie einen

Klaviertechniker beauftragen sollten, der das Klavier regelmäßig stimmt.

Danach ist es an der Zeit, sich mit einigen praktischen Übungen zu beschäftigen, die Sie benötigen, um das Beste aus Ihrem Klavierspiel herauszuholen. Zunächst werden wir uns die besten Kraftübungen für Ihre Hände ansehen. Viele von uns sind es nicht gewohnt, ihre Hände auf diese Weise zu trainieren, und einige Tonleitern sowie einige andere Übungen können sie auf einige der schwierigeren Lieder vorbereiten, die Sie später spielen müssen. Wir können uns auch damit beschäftigen, wie man richtig am Klavier sitzt, um Schmerzen zu vermeiden und das Spielen einiger der gewünschten Lieder zu erleichtern.

Nach diesen semantischen Grundlagen müssen wir uns nun mit den wichtigsten Bestandteilen befassen, die uns dabei helfen werden, Musik auf dem Klavier zu spielen. Dazu gehören die Klavierakkorde und die Klaviertonleitern. Davon gibt es bei allen Instrumenten, mit denen wir unsere Zeit verbringen können, eine ganze Menge, und wir werden einige der besten erkunden, die Ihnen helfen werden, Ihre Lieblingssongs zu spielen. Wir werden mit einigen der besten Klavierakkorde beginnen, um uns den Einstieg zu erleichtern, und dann können wir ein paar davon zusammenstellen, um auf dem Weg dorthin auch ein paar Tonleitern zu schaffen.

Es gibt eine Menge zu lernen, wenn es an der Zeit ist, mit dem Klavierspielen anzufangen und einige der schönen Lieder zu spielen, die du dir wünschst. Und dieser Leitfaden, der erste von drei in unserer Reihe, wird Ihnen helfen, die besten Möglichkeiten für den Anfang und die richtigen Akkorde und Tonleitern kennenzulernen, die Sie später mit unseren anderen Büchern zum Spielen von Liedern verwenden können

Kapitel 1: Grundlagen der Musiktheorie

Das Klavier verstehen

Der erste Schritt zum Klavierspielen besteht darin, zu verstehen, wie das Instrument aufgebaut ist. Es spielt keine Rolle, ob Sie einen Flügel, ein Klavier, ein elektrisches Keyboard, einen elektronischen Synthesizer oder einen Software-Synthesizer auf Ihrem Computer oder Smartphone spielen, jede Tastatur ist gleich aufgebaut und weist die folgenden Merkmale auf:

- Das Klavier hat weiße und schwarze Tasten (manchmal können die schwarzen Tasten grau oder braun erscheinen, aber sie werden immer noch als "schwarze" Tasten betrachtet)

- Auf dem Klavier sind die tiefsten Noten ganz links. Wenn ich "tief" sage, beziehe ich mich auf die Tonhöhe. Je weiter man sich also nach links bewegt, desto "tiefer" klingt die Note - die Noten haben mehr Bass - es sind Noten, die mehr tiefe Frequenzen ausfüllen. Wenn Sie sich auf dem Klavier nach rechts bewegen, werden die Noten "höher". Die Noten haben mehr Höhen oder hochfrequente Töne.

- Drücken Sie als kurze Übung die höchste Note auf Ihrem Klavier und jetzt die tiefste. Können Sie den Unterschied hören?

Dies ist das erste wichtige Konzept, das Sie begreifen sollten, denn wenn Sie das Muster der schwarzen Tasten verstehen, wird es für Sie sehr einfach sein, die verschiedenen Noten auf dem Klavier zu finden.

Das musikalische Alphabet

So wie die englische Sprache ein Alphabet hat, hat auch die Musik ein Alphabet. Und jede Note auf dem Klavier ist durch einen bestimmten Buchstaben des musikalischen Alphabets gekennzeichnet. Während das englische Alphabet 26 Buchstaben hat (A bis Z), hat das musikalische Alphabet nur 7 (A bis G). Sie fragen sich vielleicht, warum das musikalische Alphabet nur 7 Buchstaben hat, wenn ein vollwertiges Klavier 88 Tasten hat und jede Taste mit einem Buchstaben bezeichnet ist? Das ist eine gute Frage. Lies weiter.

Auf der Tastatur sind die Buchstaben des Alphabets den weißen Tasten zugewiesen (die Namen der schwarzen Tasten ignorieren wir vorerst). Wenn Sie die weißen Tasten der Reihe nach nach oben bewegen, erhöhen sich die Noten um einen Buchstaben (siehe Abb. 4.1). Was passiert also, wenn Sie den 7. Buchstaben "G" erreichen? Nachdem Sie das G erreicht haben, beginnen die Noten wieder am Anfang des Alphabets. Die Note nach dem "G" ist also ein weiteres "A". Sie klingt genauso wie das erste "A", das wir markiert haben, nur dass sie wie eine höhere Version davon klingt. Von da an gehen die Noten von A bis G weiter, von der tiefsten Note des Klaviers bis zur höchsten.

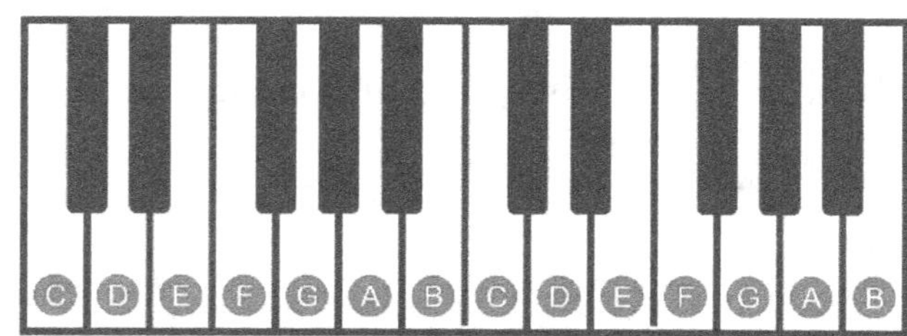

Es ist zu beachten, dass auf den meisten großen Tastaturen A die erste Note ist. Das macht es einfach, den Rest zu lernen, weil man einfach bei A anfangen und einen Buchstaben nach dem anderen lernen kann. Einige kleinere Tastaturen beginnen jedoch mit anderen Noten (normalerweise C). Wenn Sie sich nicht sicher sind, mit welcher Note Ihre Tastatur beginnt, lesen Sie weiter. Im nächsten Abschnitt erfahren Sie, wie Sie die Noten auf Ihrer Tastatur identifizieren können, unabhängig davon, welche Taste an erster Stelle steht.

Suche nach den Noten auf dem Klavier

Zu diesem Zeitpunkt haben Sie zwei wichtige Fakten erfahren:

- Die Noten laufen entlang der weißen Tasten in alphabetischer Reihenfolge von A bis G und wiederholen sich dann in einem fortlaufenden Zyklus (A, B, C, D, E, F, G, A, B, C, D, E, F, G, usw.)
- Die schwarzen Tasten sind auf dem Klavier nach dem Muster 2, 3, 2, 3 angeordnet.

Mit diesen beiden Fakten können Sie die Position jeder Note auf dem Klavier bestimmen. Schauen wir uns an, wie das für jede Note im musikalischen Alphabet funktioniert.

Die C's finden

Obwohl A der erste Buchstabe des Alphabets ist, beginnen wir mit dem Buchstaben C. Wir tun dies, weil C eine sehr häufige musikalische Note ist. Die C-Tonleiter (die wir später besprechen werden) ist die häufigste Tonleiter in der Musik. Außerdem ist C die Note, die zufällig in der Mitte des Klaviers liegt (Sie haben sicher schon einmal den Ausdruck "mittleres C" gehört).

Um ein C auf Ihrem Klavier zu finden, suchen Sie eine Gruppe von zwei schwarzen Tasten, die zusammen angeordnet sind. Dabei spielt es keine Rolle, ob sie sich am oberen, mittleren oder unteren Rand der Tastatur befinden. Sie können jede beliebige Gruppe von zwei zusammenhängenden schwarzen Tasten verwenden. Das C ist die weiße Taste unmittelbar links von diesen beiden schwarzen Tasten.

Wenn Sie sich alle schwarzen Tasten auf dem Klavier ansehen, befindet sich das C unmittelbar links von ihnen. Versuchen Sie als Übung, alle Cs auf Ihrem eigenen Klavier oder Ihrer Tastatur zu finden.

Die D's finden

Erinnern Sie sich daran, dass wir gesagt haben, dass die weißen Tasten in alphabetischer Reihenfolge angeordnet sind? Wenn Sie also ein C auf der Tastatur finden, ist die nächste weiße Taste ein D. Achten Sie darauf, wo sich das D befindet (in Bezug auf die schwarzen Tasten). Es befindet sich in der Mitte der beiden schwarzen Tasten. Wenn Sie alle Sätze von 2 schwarzen Tasten auf dem Klavier finden, befindet sich das D in der Mitte eines jeden Satzes. Versuchen Sie, alle D's auf Ihrer eigenen Tastatur zu finden, um zu üben.

Die E's finden

Nachdem Sie nun ein C und ein D gefunden haben, erinnern Sie sich daran, dass die weiße Taste direkt nach dem D ein E ist. (Sie erinnern sich doch, dass die weißen Tasten in alphabetischer Reihenfolge angeordnet sind, oder?) Wenn Sie versuchen, die Lage des "E" im Verhältnis zu den schwarzen Tasten zu beschreiben, werden Sie zustimmen, dass sich das "E" rechts von den beiden schwarzen Tasten befindet. Und wie bei den anderen, wenn du alle 2 schwarzen Tasten auf dem Klavier auffindest, befindet sich das E direkt rechts von jeder dieser Tasten. Versuchen Sie, alle E's auf Ihrem eigenen Klavier zu lokalisieren.

Zu diesem Zeitpunkt sollten Sie als Übung versuchen, alle Cs, Ds und Es auf dem Klavier zu finden. Finden Sie zuerst alle Cs. Dann die D's. Dann die E's. Wenn du das schaffst, bist du bereit, die restlichen 4 Buchstaben (F, G, A & B) in Angriff zu nehmen.

Suche nach den F's

Wenn wir uns auf der Tastatur eine Note nach der anderen nach oben bewegen, kommen wir zu F (das natürlich direkt nach E liegt). Vielleicht fällt Ihnen auf, dass F (im Gegensatz zu C, D und E) näher an der Gruppe der 3 schwarzen Tasten liegt als an der Gruppe der 2 schwarzen Tasten. Es befindet sich sogar unmittelbar links von der Gruppe der 3 schwarzen Tasten. Wenn Sie nun alle 3 schwarzen Tasten lokalisieren, befindet sich F unmittelbar links von jeder dieser Tasten. Probieren Sie dies jetzt auf Ihrer Tastatur aus.

Die G's finden

Noch einmal: G ist die weiße Taste, die auf F folgt. Sie befindet sich zwischen der ersten und zweiten der drei schwarzen Tasten. Suchen Sie alle Sätze von 3 schwarzen Tasten auf Ihrer Tastatur und identifizieren Sie alle Gs.

Die A's finden

Wenn Sie sich erinnern, ist G der letzte Buchstabe des musikalischen Alphabets. Es gibt kein H, I, J usw. in der Musik. Nach G kehrt das Alphabet zu A zurück. Die Note, die auf dem Klavier unmittelbar auf G folgt, ist also A. A liegt zwischen der 2. und 3. der drei schwarzen Tasten. Finde nun alle A's auf dem Klavier.

Die B's finden

Das B schließlich ist die nächste weiße Taste nach dem A. Es befindet sich rechts von den drei schwarzen Tasten. Sie sollten in der Lage sein, alle Bs auf dem Klavier leicht zu finden.

Und natürlich ist die nächste weiße Taste nach B das C, das uns zu der Note zurückbringt, mit der wir links von den beiden schwarzen Tasten begonnen haben. Jetzt sollten Sie in der Lage sein, alle Noten auf dem Klavier mit ein wenig Mühe zu finden. Um dies wirklich zu üben, sollten Sie regelmäßig alle Noten auf dem Klavier finden. Beginnen Sie mit den C-Tönen. Finde sie alle. Dann finden Sie alle D's. Dann die E's. usw., usw., bis Sie alle Buchstaben gefunden haben. Wenn Sie dies ein-, zwei- oder sogar dreimal am Tag tun, werden Sie in kürzester Zeit in der Lage sein, eine Note auf der Tastatur zu sehen und zu wissen, welcher Buchstabe es ist, ohne überhaupt darüber nachzudenken.

Überfliegen Sie diesen Punkt nicht. Diese eine Übung wird Ihre Sichtweise auf das Klavier verändern. Bevor ich dieses Buch aufgeschlagen habe, sah ein Klavier wie eine zufällige Ansammlung von schwarzen und weißen Tasten aus. Es schien keine Ordnung oder einen Sinn zu haben. Aber jetzt wissen Sie, dass das nicht der Fall ist. Jetzt wissen Sie, dass die schwarzen Tasten einem Muster folgen: 2 schwarze Tasten, gefolgt von 3 schwarzen Tasten und so weiter. Wenn Sie sich verpflichten, die obige Übung regelmäßig durchzuführen (mindestens einmal am Tag). In ein oder zwei Wochen werden Sie in der Lage sein, das Klavier anzuschauen und die Noten darauf SOFORT zu erkennen.

Dieses grundlegende Wissen ist der erste Schritt, um Ihr Spiel als Produzent oder Songwriter zu verbessern. Engagieren Sie sich dafür und Sie werden Ergebnisse sehen. SCHNELL.

Identifizierung der schwarzen Tasten

(Versetzungszeichen, Sharps & Flats)

 Nachdem Sie nun wissen, wie Sie alle weißen Tasten auf dem Klavier identifizieren können, ist es an der Zeit, die Unfälle zu verstehen (die Bässe und Kreuze, die normalerweise auf den schwarzen Tasten des Klaviers zu finden sind). So funktionieren

Erhöhungen und Senkungen:

Nehmen Sie eine beliebige weiße Taste und identifizieren Sie ihren Buchstaben. Die nächsthöhere Note (rechts davon) gilt als ihre scharfe Taste. Wir haben also das mittlere C bezeichnet (normalerweise das C, das in der Mitte des Klaviers liegt). Die schwarze Taste rechts daneben heißt C# (ausgesprochen: Cis). Im gleichen Diagramm haben wir auch das G über dem mittleren C markiert. Die schwarze Taste rechts davon heißt G#. Beachten Sie, dass die meisten Unfälle zwar schwarze Tasten sind, aber nicht sein müssen. Das Kreuz ist immer die nächsthöhere Note, unabhängig davon, ob diese Note weiß oder schwarz ist. Wir haben also wieder das B über dem mittleren C markiert. Die weiße Taste direkt rechts davon wird als B# bezeichnet. Jetzt bist du wahrscheinlich verwirrt, weil du dachtest, diese Note wäre ein C. Nun, du hast recht. Viele der Klaviertöne haben mehrere Namen. Die weiße Taste rechts vom B wird also sowohl als B# als auch als C bezeichnet. Versuchen Sie nun als Übung, das E# auf dem Klavier zu finden. Wie wird das E# auch genannt? [Spoiler-Alarm - haben Sie F gesagt? Das ist richtig!]

Bässe sind das Gegenteil von hohen Tönen. Die flache Tonart einer Note ist die Note unmittelbar links von ihr.

Die Note unmittelbar links vom D heißt also Db (ausgesprochen: D-flat). "Moment mal!", werden Sie sagen. "Ich dachte, diese Note heißt Cis???" Sehr gut beobachtet. Weißt du noch, wie ich sagte, dass viele Noten auf dem Klavier zwei Namen haben? Nun, jede schwarze Taste hat zwei Namen. Db kann auch als C# bezeichnet werden. Genauso wie Eb (versuchen Sie, es zu finden) auch als D# bezeichnet werden kann (sehen Sie, warum?)

Das Es liegt direkt links vom E (also Eb), aber auch direkt rechts vom D (also auch D#). Bei einigen der kniffligen Töne solltest du versuchen, das Cb zu finden. Wie könnte es sonst heißen? Hast du "B" gesagt? Dann hast du es jetzt im Griff. Also gut. Mach das Gleiche für Fb. Finde es und sag mir, wie es sonst noch heißt.

Halbe Schritte und ganze Schritte

Bevor wir über Tonleitern sprechen können, müssen Sie das Konzept der Halbtonschritte und Ganztonschritte verstehen. Tonleitern, Akkorde, Progressionen usw. basieren alle auf dem Konzept der Halbtonschritte und Ganztonschritte.

Im Grunde funktioniert das Konzept folgendermaßen: Zwei Noten, die direkt nebeneinander liegen (egal, ob es sich um schwarze oder weiße Tasten handelt), werden als ein Halbtonschritt voneinander getrennt betrachtet. Und genau wie in der Mathematik ergeben zwei Halbtonschritte einen ganzen Schritt. Auf der Tastatur sind also C und C# einen halben Schritt voneinander entfernt, während C und D einen ganzen Schritt voneinander entfernt sind. Ebenso sind F und F# einen halben Schritt voneinander entfernt, während F und G einen ganzen Schritt voneinander entfernt sind. Beachten Sie auch, dass B und C einen Halbtonschritt voneinander entfernt sind (ebenso wie E und F). Denken Sie daran, dass es keine Rolle spielt, dass E und F beide weiße Tasten sind. Da keine schwarze Taste dazwischen ist und sie direkt nebeneinander liegen, werden sie als einen Halbtonschritt voneinander entfernt betrachtet. E und F# sind jedoch einen ganzen Schritt voneinander entfernt.

Es gibt noch viel mehr über das Messen von Entfernungen auf dem Klavier zu sagen. Aber denken Sie daran, unser Ziel hier ist es, das Fett wegzuschneiden und nur das Nötigste zu verdauen. Auf diese Weise können wir Akkorde und Progressionen so schnell wie möglich verstehen.

Mit diesem Grundverständnis von Halbtonschritten und Ganztonschritten sind wir bereit, über Tonleitern und Akkorde zu sprechen - Konzepte, die beide auf dem Abstand von einer Note zur anderen basieren.

Kapitel 2:
Handposition und Fingernummern

Die natürliche Handhaltung

Schauen wir uns zunächst einmal an, wo Ihre Hände sein müssen. Wenn Sie ein Klavier betrachten, ist die natürlichste Art zu spielen, dass Ihre kürzeren Finger immer die längeren Tasten spielen, während Sie die längeren Finger frei lassen, damit sie sich bewegen können, um die kürzeren Tasten zu treffen.

Im Allgemeinen sollten Ihre Finger nach ihrer Länge eingeteilt werden - kurze Finger werden als 1 und 5 an der Hand betrachtet. Dies sind Ihre Daumen und Ihre kleinen Finger. Sie sind von Natur aus kürzer als der Rest der Finger an Ihrer Hand. Die anderen drei Finger, der Zeige-, Mittel- und Ringfinger, sind 2, 3 und 4.

Wenn Sie sich an die Tastatur setzen, werden Sie feststellen, dass es am bequemsten ist, wenn Ihre beiden kurzen Finger auf den weißen Noten liegen, die fünf Schritte voneinander entfernt sind, und Ihre drei Mittelfinger nach oben zu den schwarzen Tasten reichen. So können Sie bequem alle Tasten anfassen.

Wenn Sie von den Besten lernen wollen, begann Chopin seine Schüler mit einer Position, in der seine Hände natürlich auf E - F# - G# - A# - B ruhten, um die Haltung der rechten Hand zu erlernen. Beide Hände sollten dort als neutraler Ausgangspunkt ruhen. Es mag sich anfangs etwas seltsam anfühlen, die Hand so ausgestreckt zu haben, aber das ist der natürlichste Punkt für die Hand.

Beachten Sie, dass dies nicht bedeutet, dass Sie Ihre Hände für immer in diesen Positionen halten müssen; Sie können sich die Zeit nehmen, um sicherzustellen, dass Ihre Hände immer an einem Ort sind, an dem sie bequem ruhen können. Klavierspielen sollte nicht wehtun - es sollte sich anfühlen, als würden Sie sich auf einer Tastatur ausstrecken, denn genau das tun Sie.

Kraftübungen für die Hände

Wenn Sie zum ersten Mal mit dem Klavierspielen beginnen, werden Sie vielleicht feststellen, dass Ihre Hände schon nach kurzer Zeit ein wenig müde sind. Das liegt daran, dass es ein wenig Handkraft erfordert, um das alles zu schaffen, und dass Sie mit Bewegungen arbeiten, mit denen Sie noch nicht vertraut sind. Je mehr Sie üben, desto weniger wird dies ein Problem für Sie sein. Die gute Nachricht ist, dass es verschiedene Übungen gibt, mit denen Sie Ihre Finger kräftigen und sicherstellen können, dass Sie die Bewegungen in kürzester Zeit bewältigen können. Einige der Übungen, die du machen kannst, sind:

Grundübungen zur Stärkung der Hände

Wir werden zwar über einige verschiedene Fingerbewegungen sprechen, die Sie direkt am Klavier ausführen können, wenn Sie möchten, aber wir müssen uns auch einige Übungen ansehen, die Sie machen können, egal ob Sie in der Nähe des Klaviers stehen und bereit sind zu spielen oder nicht, die Ihren Händen helfen werden, auf dem Weg ein wenig stärker zu werden. Einige der grundlegenden Übungen, mit denen du deine Hände kräftigen kannst, sind:

1. Faustbeugen: Dies ist eine der häufigsten Fingerübungen, um sie zu strecken. Sie nehmen Ihre Hände, beide gleichzeitig, und formen sie zu lockeren Fäusten, wobei Sie alle Finger um den Daumen wickeln. Halten Sie dies eine halbe Minute lang, bevor Sie sie gerade und flach ausstrecken. Machen Sie dies zehn bis fünfzehn Mal.

2. Das Drücken des Stressballs: Dies ist eine sehr verbreitete Methode, um die Hand vor dem Spielen aufzuwärmen, und sie ist einfach. Sie löst die Spannung in den Händen, die das größte Problem beim Spielen sein kann. Ein Stressball oder sogar ein Tennisball ist dafür geeignet. Drücken Sie den Ball so fest zusammen, wie Sie können, und halten Sie ihn eine halbe Minute lang. Lassen Sie los und ruhen Sie sich fünfzehn Sekunden lang aus, dann wiederholen Sie die Übung. Machen Sie dies mit beiden Händen.

3. Heben Sie die Finger an: Legen Sie dazu die Hand auf eine flache Oberfläche oder den Tisch. Beginnen Sie dann mit dem Zeigefinger und heben Sie ihn so hoch wie möglich, halten Sie ihn ein paar Sekunden lang und lassen Sie ihn dann wieder sinken. Der Trick dabei ist, die Finger und die Handfläche gleichzeitig flach nach unten zu bewegen. Sie können dies mit beiden Händen tun, um sie gut zu dehnen.

4. Daumenberührung: Hierfür beugen Sie Zeigefinger und Daumen, bis sie sich an der Spitze treffen und die Form eines O oder das OK-Zeichen bilden. Halten Sie dies eine halbe Minute lang. Wiederholen Sie die Übung dann mit allen Fingern beider Hände. Machen Sie fünf bis zehn Wiederholungen, um diese Übung zu beenden.

5. Daumenbeugung: Halten Sie die Hand zunächst mit der Handfläche nach oben. Strecken Sie die Finger aus und biegen Sie dann den Daumen nach innen, so dass

er die Basis des kleinen Fingers berühren kann. Drücken Sie so fest wie möglich nach unten, lassen Sie los und wiederholen Sie den Vorgang, wobei Sie nacheinander die Unterseite aller Finger berühren. Beginnen Sie behutsam damit, denn wenn die Finger nicht daran gewöhnt sind, kommt es oft zu Krämpfen. Verringern Sie den Druck, wenn Sie dabei Schmerzen verspüren.

6. Das Klopfen und Drücken: Dies ist eine gute Übung für Kraft und Flexibilität. Sie können die Hand so zusammenlegen, dass sich die Finger berühren und die Handflächen aneinander liegen, als wollten Sie beten. Klopfen Sie mit den Daumenspitzen, so dass sie sich zweimal berühren. Schieben Sie den rechten Daumen mit Hilfe des linken Daumens nach rechts vor und machen Sie es dann rückwärts. Machen Sie dies mit allen Fingern und wiederholen Sie die Übung zehnmal.

7. Das Drücken mit den Fingerspitzen: Dies ist eine andere Version dessen, was wir gerade oben gemacht haben. Du beginnst mit den Händen, die zum Beten bereit sind, und dann bewegst du die Handflächen auseinander, während du die Finger beugst. Sie können sich vorstellen, dass Sie einen unsichtbaren Ball zwischen ihnen halten. Dann können Sie die Finger nach oben bewegen, indem Sie sie zusammenpressen. Erhöhen Sie den Druck, bis die Finger gerade sind, und Sie sind fertig.

Sie müssen sich nicht jedes Mal, wenn Sie Klavier spielen wollen, hinsetzen und an all diesen Stücken arbeiten. Aber ein paar davon zum Aufwärmen parat zu haben, bevor du versuchst, etwas zu üben, kann das Leben für alle ein bisschen einfacher machen. Probieren Sie es aus und sehen Sie, wie einfach dieser ganze Prozess sein kann, damit Ihre Hände bereit sind, das Klavierspiel zu bewältigen, das Sie machen wollen.

Der Frankenstein-Bohrer

Dies ist eine wirklich gute Übung, mit der man arbeiten kann, wenn man Finger hat, die schön steif sind und Schwierigkeiten haben, einige der anderen Töne zu spielen, die man auf dem Weg spielen will. es bringt auch wirklich etwas mehr Kraft in die eigenen Finger, so dass man mit dieser Übung nichts falsch machen kann. Für den Anfang nimmst du die rechte Hand und deinen ersten Finger, also den Daumen, und legst ihn auf das C in der Mitte. Sobald du damit fertig bist, kannst du den Mittelfinger halten und die Tonleiter hinunter spielen, indem du D, E, F und G machst. Du kannst die anderen vier Finger deiner Hand benutzen, ohne den Daumen zu bewegen, um sie zu bewegen.

Sie können die Tonleiter auf- und abwärts gehen, indem Sie dies ein paar Mal tun und die Finger nacheinander dort platzieren, aber niemals den Daumen hier anheben. Das ist schwieriger, als du als Anfänger vielleicht denkst, aber konzentriere dich darauf, den Daumen erst einmal hier zu lassen. Wenn Sie dies dreimal hintereinander mit dem Daumen nach unten geschafft haben, ist es an der Zeit, zum zweiten Finger, dem Zeigefinger, zu gehen und das Gleiche noch einmal zu tun, wobei Sie alle vier Finger, einschließlich des Daumens, aber nicht den zweiten Finger benutzen. Das macht es ein bisschen schwieriger.

Machen Sie das noch ein paar Mal und gehen Sie dabei langsam vor, um sich an das Gefühl zu gewöhnen, und konzentrieren Sie sich darauf, alle Noten zu treffen. Wenn du merkst, dass du versuchst, den Finger unten zu halten und er sich hebt, musst du dein Tempo verringern. Gehen Sie zum dritten Finger über und wiederholen Sie den Vorgang, dann zum vierten Finger und wiederholen Sie ihn.

Sobald Sie die Gelegenheit hatten, die Übung mit der rechten Hand durchzuführen, ist es an der Zeit, sie mit der linken Hand zu machen. Seien Sie sich bewusst, dass die linke Hand bei den meisten Menschen etwas schwächer ist, vor allem, wenn sie nicht Ihre dominante Hand ist, so dass diese Übung auf dieser Seite schwieriger sein wird. Diese Übung wird dich ein wenig fordern und kann eine Herausforderung sein, aber so wirst du besser im Klavierspielen und siehst, wie deine Finger stärker werden, um die schwierigeren Lieder zu spielen.

Verstehen Sie Ihren Fingersatz

Es gibt noch eine andere Methode, die wir mit Zahlen verwenden können, die das Lesen etwas einfacher macht, auch wenn Sie bei dieser Methode die Namen der Noten nicht lernen werden. Sie können ein Diagramm Ihrer beiden Hände finden. Nimm die rechte Hand und beginne mit dem Daumen. Sie können dann jeden Finger mit eins bis fünf beschriften. Machen Sie das Gleiche mit der linken Hand, wobei Sie darauf achten, dass Sie mit der linken Hand beginnen.

Sie werden dann feststellen, dass einige der Anfängerlieder, die Sie auf dem Klavier spielen können, nur die Noten C bis G haben, die die Nummern eins bis fünf auf Ihren Fingern sind. Du kannst auf dem mittleren C des Klaviers beginnen, indem du beide Daumen auf die Note legst und dann beide Hände so ausrichtest, dass der rechte kleine Finger, der die Nummer fünf ist, auf der Note G liegt und der kleine Finger der linken Hand auf der Note F. Du kannst sogar die Zahlen neben dem Namen des Buchstabens aufschreiben, wenn es das einfacher macht. Auch hier konzentrieren wir uns nur auf die weißen Noten oder weißen Tasten auf dem Klavier.

Während du das Lied durchliest, kannst du die Zahlen oder Buchstaben singen und spielen, während du spielst. So fällt es dir viel leichter, dir die Nummern der Noten zu merken, die du auf dem Klavier spielst. Wenn Sie eine Weile geübt haben, ist es an der Zeit, die Namen der Buchstaben auszulöschen und zu testen, ob Sie sich an die Melodie und das Spielmuster des Liedes, das Sie spielen wollen, erinnern können.

Mit diesen einfachen Schritten kannst du lernen, die Noten zu lesen, die dir beim Spielen von Liedern begegnen, und zwar so, dass du Fortschritte machen kannst, bis sie dir ganz natürlich vorkommen. Für jedes Stück, das du lernen möchtest, kannst du die Namen der Buchstaben oder die Fingernummern aufschreiben, und wenn du dich sicher genug fühlst und weißt, wo jeder Finger hingehört, kannst du sie ausradieren. Das kannst du eine Weile machen, und ehe du dich versiehst, brauchst du sie gar nicht mehr aufzuschreiben, weil du weißt, wo alles ist.

Die mentale Flip-Strategie

Eine weitere Möglichkeit, die wir ausprobieren können, um das Erlernen der Noten und das Lesen von Noten ein wenig einfacher zu machen, ist die so genannte mentale Flip-Strategie. Eines der schwierigsten Dinge beim Erlernen des Notenlesens für das Klavier im Gegensatz zu anderen Instrumenten, die man vielleicht lernen möchte, ist, dass es nicht wirklich eine einzige Melodie gibt, die man zu spielen versucht. Mit dem Klavier kann man alle Teile spielen, einschließlich der Melodie und aller zugrunde liegenden Klänge, die die Musik besser klingen lassen.

Dies sind sehr wichtige Teile, die uns beim Spielen einen volleren und reicheren Klang verleihen. Aber wenn man lernt, wie man sie benutzt, wird es einfach schwieriger zu lernen. Bei anderen Instrumenten kann es vorkommen, dass einige Musiker die Melodie und andere die anderen Teile spielen, aber beim Klavier muss dies alles von derselben Person gemacht werden. Normalerweise sind die Teile auf dem Klavier miteinander verbunden, aber sie sind ein großer Teil des Akkords, den du spielen musst, und um ihn zu spielen, musst du ihn genau lesen können.

Obwohl die Vorstellung, mehr als eine Notenzeile zu lesen (deshalb haben wir beim Spielen einen Violin- und einen Bassschlüssel), überwältigend erscheinen mag, werden Sie mit der Zeit feststellen, dass dies einer der Gründe ist, warum das Klavierspielen so kraftvoll sein kann. Der Pianist kann, sobald er das Instrument beherrscht, die Melodie, die Akkorde und die Basslinie auf einmal spielen, was bedeutet, dass er das Ganze sein kann, ohne dass ein Orchester oder andere Instrumente ihm dabei helfen.

Die mentale Flip-Strategie wird es einfacher machen, beide Teile zu bewältigen. Und es ist im Grunde wie das, was wir vorher gemacht haben. Wir werden einfach damit arbeiten, das Lied in einer Hand oder in einem Schlüssel zu lernen, und später dazu übergehen, es im anderen Schlüssel zu spielen. Du würdest also lernen, alle Noten im Violinschlüssel zu spielen (weil das die Seite ist, mit der die meisten Leute am Anfang am besten zurechtkommen). Sobald Sie diesen Teil beherrschen, lernen Sie, wie man alle Noten im Bassschlüssel spielt. Wenn man beide Teile beherrscht, kann man sie zusammen spielen und erhält das ganze Lied.

Dies trägt dazu bei, einige der komplizierten Teile, die mit der Verwendung beider Hände einhergehen, aufzulösen, was eine zusätzliche Herausforderung darstellt, mit der viele Klavierspieler umgehen lernen müssen, wenn sie ihr eigenes Handwerk beherrschen wollen.

Kapitel 3: Gute Körperhaltung am Klavier

Auswahl der richtigen Körperhaltung

Das Erlernen der Noten und das Spielen einiger Ihrer Lieblingssongs ist zwar ein wichtiger Aspekt des Klavierspiels, aber es gibt noch viel mehr, was man beachten muss, um die besten Ergebnisse zu erzielen. Du musst auch darauf achten, dass du beim Spielen die richtige Haltung einnimmst. Das mag albern klingen, aber es hilft Ihnen, leichter von einer Note zur nächsten zu kommen, Ihre Arme und Finger nicht zu ermüden und die Erfahrung beim Lernen zu verbessern. Es gibt mehrere Regeln, die Sie befolgen können, um die richtige Körperhaltung zu finden, und einige davon sind

1. **Finden Sie die richtige Form für die Finger.**

Um Ihnen beim Klavierspielen zu helfen, sollten Sie zunächst die Hand entspannen und sie dann auf den Oberschenkel legen, indem Sie sie nach vorne über das Knie schieben. Merken Sie, wie sich Ihre Finger ganz natürlich um die Kniescheibe wölben, wenn Sie diese Stelle erreichen? Das ist es, was wir sehen wollen, wenn Sie auch Klavier spielen können.

Wenn Sie also das Knie erreicht haben, können Sie die Finger in dieser Position halten, während Sie die Hand anheben und auf die Klaviertastatur setzen. Wenn Ihnen das zu schwer fällt, können Sie einen anderen Trick ausprobieren. Fassen Sie beide Hände aneinander, als ob Sie ein Küken halten würden. Wenn Sie die gleiche Fingerform beibehalten, können Sie die Hände so drehen, dass sie mit den Handflächen nach unten zeigen, und dann beginnen, die gewünschten Lieder zu spielen.

2. Vorsicht mit den Daumen

Beim Klavierspielen müssen wir uns auch etwas Zeit nehmen, um auf unsere Daumen zu achten. Im Gegensatz zu den anderen Fingern, über die wir gerade gesprochen haben, sollte der Daumen nicht gekrümmt sein, wenn er auf den Tasten spielt. Wenn Sie den Daumen zum Klavierspielen benutzen wollen, lassen Sie ihn einfach ein wenig nach unten fallen. Nur die Seitenkante des Daumens, ziemlich nah an der Spitze, sollte der Teil sein, der auf die Klaviertaste trifft.

Die Daumen sind oft einer der stärksten Teile der ganzen Hand. Deshalb gehen wir davon aus, dass wir uns um sie keine Sorgen machen müssen, während wir Klavier spielen und Dinge erledigen. Das wäre schön, aber wir müssen lernen, wie man die Daumen kontrolliert und sie dazu bringt, sich zu verhalten. Wir müssen auch üben, den richtigen Druck auf die Tasten auszuüben, da die Daumen eher dazu neigen, stark zu drücken und den Ton zu laut zu machen, vor allem im Vergleich zum Rest der Musik.

Den Daumen in der richtigen Position zu halten und darauf zu achten, wie viel Druck mit dem Daumen ausgeübt wird, macht einen großen Unterschied. Sie können dies ein wenig üben und den Daumen so stark wie möglich machen, während Sie gleichzeitig darauf achten, dass er zur richtigen Zeit am richtigen Ort ist, um Ihre Songs zu spielen.

3. Bilanz

Das klingt jetzt vielleicht etwas seltsam, aber wir müssen ein wenig über das Gleichgewicht sprechen, wenn es um Ihre Haltung geht. Wenn der Kopf beim Spielen nicht richtig auf dem Körper sitzt, müssen die Schultern und der Rücken eine Menge Gewicht tragen, was die Sache noch schlimmer macht.

Um den Gleichgewichtspunkt Ihres Kopfes zu finden, können Sie mit den Fingern sanft die Innenseiten der Ohren berühren und dann mit dem Kopf auf und ab nicken, so wie Sie es tun würden, wenn Sie jemandem zustimmen oder ja sagen. Auf diese Weise erhalten Sie eine bessere Vorstellung davon, wo sich der Mittelpunkt Ihres Kopfes zu diesem Zeitpunkt befindet. Diesen Mittelpunkt sollten Sie beibehalten, achten Sie nur darauf, dass er auch mit den Schultern über den Hüften übereinstimmt.

4. Verwenden Sie unbedingt eine Fußstütze

Das gilt besonders, wenn Sie ein Kind haben, das am Klavier arbeitet. Sie können auf der Bank des Klaviers nach vorne rutschen und sind dann zu nah an den Tasten des Klaviers. Dies ruiniert die Haltung, die sie haben, und das kann es wirklich unangenehm für Sie zu spielen überhaupt.

Um sicherzustellen, dass dies bei Ihrem Kind nicht passiert, sollten Sie eine Kiste, einen Fußschemel, einen Bücherstapel oder etwas anderes in Erwägung ziehen, das eine kleine Fußstütze für Ihr Kind bildet. Auf diese Weise wird sich Ihr Kind wohler fühlen und eine bessere Haltung am Klavier einnehmen, wenn die Füße ruhen, anstatt nach unten zu baumeln und zu weit nach vorne zu rutschen.

5. Feste Finger

Als Nächstes müssen wir uns ansehen, wie wir sicherstellen können, dass unsere Finger fest sind, aber nicht so fest, dass wir sie fast brechen. Manchmal biegt sich das Ende der Gelenke der einzelnen Finger in die falsche Richtung, wenn wir die Klaviertaste drücken. Dieses Gelenk sollte sich immer nach rechts auswölben, anstatt sich nach innen zu biegen.

Das ist etwas, das Sie mit der Zeit immer besser beherrschen werden. Es ist schwer, hier das richtige Gleichgewicht zu finden. Die Finger sollten nicht zu weich sein, sonst bekommt man kaum einen Ton aus dem Klavier heraus und niemand wird die Musik und die Lieder hören, die man zu spielen versucht. Wenn man andererseits zu fest auf die Tasten drückt, wird es zu laut, der Klang wird verfälscht und das Klavier kann sogar beschädigt werden, wenn man genug Kraft auf die Tasten ausübt.

Das ist etwas, das man üben sollte, bevor man den Rest der Musik während der Aufwärmphase spielt. Mit der Zeit wird es besser werden, aber das Ausprobieren verschiedener Anschlagsstärken und das Erkennen des Unterschieds zwischen fest und zu fest und wie es sich auf den Tasten anhört, kann es später beim Spielen der Musik einfacher machen. Sie werden hier die richtige Balance finden, die Balance, die es Ihnen erleichtert, gut zu spielen, ohne Ihre Finger und das Klavier zu schädigen, und die auch den Klang für jedes Publikum, das Ihre Musik hören möchte, wiedergibt.

6. Schwerkraft verwenden

Der nächste Tipp, an dem wir arbeiten können, ist die Nutzung der Schwerkraft zu unserem Vorteil. Anstatt sich nur auf die Kraft der Finger zu verlassen, um jede Note auf dem Klavier zu spielen, ist es am besten, das gesamte Gewicht des Arms einzusetzen. Das hilft uns, mit jeder Note mehr zu erreichen, und macht es für unsere Hände etwas leichter.

Dazu können Sie Ihre Klavierbank ein wenig weiter nach hinten schieben, als Sie es normalerweise tun. Üben Sie, Ihren Arm so zu halten, als ob Sie eine Tastatur vor sich hätten, und lassen Sie die Arme ganz in Ihren Schoß fallen. Nehmen Sie sich einen Moment Zeit, um zu spüren, wie sich das Gewicht Ihres Arms anfühlt, wenn Sie ihn in Ihren Schoß fallen lassen. Vielleicht hilft es Ihnen, sich vorzustellen, Sie seien eine Marionette mit ein paar Fäden, die Ihre Hand und Ihren Arm hochhalten, und dann lassen Sie ihn nach unten fallen, als ob sich die Fäden lösen würden.

Nachdem Sie das ausprobiert und ein Gefühl für beide Arme bekommen haben, können Sie Ihre Bank wieder an die Tastatur stellen und sicherstellen, dass Ihre Finger in der richtigen Position sind. Die Art und Weise, wie Ihre Arme den Ton anschlagen, überträgt sich auf die Finger in jeder Taste und macht es einfacher, den Ton schön und laut zu treffen.

7. Beobachten Sie die Bewegung der Handgelenke

Wenn Sie Klavier spielen, müssen Sie ein wenig Bewegung in Ihr Handgelenk bringen. Ein flexibles Handgelenk hilft dabei, das ganze Gewicht der Arme, über das wir gerade gesprochen haben, auf die Tasten zu übertragen, während Sie spielen. Dann lassen Sie das Handgelenk sanft wieder nach oben abprallen, um sich auf den nächsten Anschlag vorzubereiten. Achten Sie dabei darauf, dass die Finger in Kontakt mit den Tasten bleiben, sonst funktioniert es nicht so gut.

Man kann sich das gut so vorstellen, dass die Risiken ein Trampolin sind. Das Trampolin ist anfangs eben, und jedes Mal, wenn es nach unten geht, müssen Sie wieder nach oben hüpfen. Denken Sie daran, dass sich das Trampolin angenehm und entspannt anfühlen muss. Wenn Sie das Gefühl haben, dass es sehr steif und schwer zu bearbeiten ist, dann bedeutet das, dass Sie ihm nicht die richtige Entspannung geben, die es braucht, und das ist etwas, woran Sie während Ihrer Übungen arbeiten sollten.

8. Ausrichtung der Arme

Wir haben ein wenig darüber gelernt, wie man die Arme einsetzt und wie man sicherstellt, dass die Handgelenke schön flexibel sind und nicht steif und schmerzhaft. Wenn Sie Klavier spielen, ist die Ausrichtung der Arme sehr wichtig, um sicherzustellen, dass Sie das richtig machen und es einfacher ist, einige der Lieder zu spielen, die Sie wollen.

Der kleine Finger, der Ellbogen und das Handgelenk sollen so weit wie möglich in einer geraden Linie liegen. Manchmal, wenn du mit beiden Daumen auf dem mittleren C spielst, wirst du feststellen, dass Kinder ihre Hände ein bisschen im Handgelenk drehen. Statt das zuzulassen, ist es am besten, die Auflage ein bisschen gerader zu halten und dann die Hände zueinander drehen zu lassen. wenn du die Auflage in einem Winkel arretierst, können die Federn und eine gewisse Spannung wirklich stören, wie gut du spielen kannst.

9. Verwenden Sie die Spitze des kleinen Fingers

Jetzt ist es an der Zeit, ein wenig über den kleinen Finger zu sprechen. Dies ist normalerweise der schwächste Finger, so dass er schwer zu spielen ist und viele Anfänger versuchen, ihn so weit wie möglich zu vermeiden. Aber dies ist ein Finger, den man oft benutzen wird, also müssen wir ihn stärken und lernen, wie man die Spitze davon benutzt, um das Beste aus den Songs herauszuholen, die wir spielen wollen.

Wie wir gerade gesagt haben, ist der kleine Finger oder der Finger Nummer fünf der kürzeste und wahrscheinlich der am wenigsten muskulös entwickelte Finger von allen. Daher kann man manchmal beobachten, dass er flach auf der Tastatur liegt und nicht wie der Rest der Finger aufrecht und gekrümmt ist. Das mag nicht wie eine große Idee oder eine große Sache erscheinen, aber das Problem mit einem flachen Finger ist, dass er den Rest der Positionen wirklich zusammenfallen lässt und man nicht in der Lage sein wird, die Entwicklung zu erreichen, die man dadurch erreichen möchte.

Da der Sänger so kurz und klein ist, muss man ihn beim Spielen nicht so stark beanspruchen wie den Rest der Finger. Das ist eine gute Nachricht. Aber man muss auch darauf achten, dass er sich ein wenig beugt und wir ihn nach oben biegen, damit er nicht die Arbeit der anderen Finger behindert. Es ist wichtig, keinen der Finger zu stark zu krümmen, auch nicht den kleinen Finger, also beachten Sie auch das. Dein Ziel ist es, ihn mit der Fingerspitze ein wenig zu krümmen und ihn dann so entspannt und bequem wie möglich zu halten, während du deine Musik spielst.

10. Setzen Sie sich und lehnen Sie sich ein wenig an

Und nun kommen wir zu unserem letzten Tipp für dieses Kapitel. Wir müssen am Sitzen und Anlehnen arbeiten. Der Pastor, den wir beim Klavierspielen haben, ist manchmal sehr wichtig. Aber es ist nicht immer so einfach, sich an diese Haltung zu gewöhnen, wie wir es gerne hätten. Je früher wir lernen, die richtige Haltung einzunehmen und beizubehalten, desto einfacher ist es, sie später einzustellen. Vor allem wenn man mit Kindern arbeitet, sollte man ihnen von Anfang an die richtige Haltung beibringen und nicht versuchen, sie später zu korrigieren. Genau darüber werden wir sprechen.

Kinder und sogar einige Erwachsene rutschen gerne auf der Bank herum und wackeln und bewegen sich dabei so viel wie möglich. Aber das ist nicht die beste Nutzung ihrer Energie und kann dazu führen, dass sie falsch spielen. Es ist viel besser, wenn sie an einer Stelle sitzen bleiben und weggehen, wenn sie eine neue Taste erreichen müssen, anstatt herumzuwackeln und zu versuchen, an das andere Ende zu gelangen. Das hilft ihnen nicht wirklich, weil es am Anfang nicht natürlich ist. Aber mit der Zeit werden sie sich daran gewöhnen und es wird viel einfacher.

Wenn ein ganzes Stück auf dem Klavier gespielt wird und es sich nicht viel bewegt, sollte das Kind an diesem Ende der Bank sitzen und sich nicht viel bewegen. Wenn das ganze Stück auf einer Seite der Tastatur gespielt wird, soll es sich nicht anlehnen, aber wenn nur ein paar Noten gespielt werden, soll es sich anlehnen, anstatt sich zwischen den Noten zu bewegen.

Kapitel 4:
Überblick über Zählungen und Maßnahmen

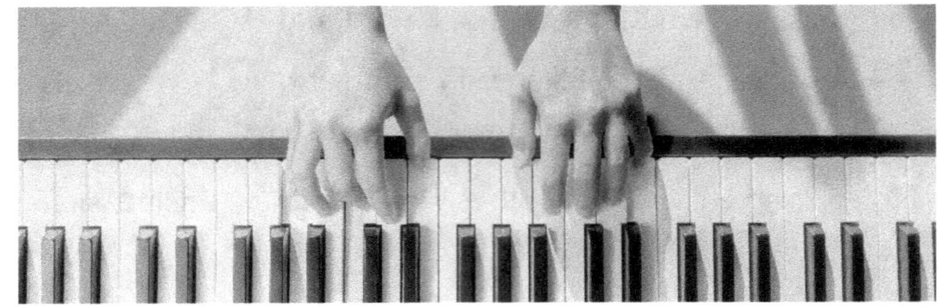

Ein Klavier hat achtundachtzig Tasten. Die ersten fünfundvierzig Tasten sind weiß, die anderen 43 sind schwarz. Es gibt 4 Abschnitte mit jeweils 9 Tasten. Bei einem normalen Klavier befinden sich diese Abschnitte oben, unten, links und rechts auf der Tastatur. In der Regel gibt es in jeder Sektion A bis G. Das Klavier hat außerdem sieben Oktaven. Das sind die Tasten von C (mittleres C) bis C. Der untere Teil des Klaviers enthält den Bass, die höheren Reihen den Diskant.

Die Oktave ist eine Art der Unterteilung von Klängen, die von Cembalos, Klavieren, Orgeln, Geigen und Celli gespielt werden. Die Töne werden höher, wenn man in Oktaven aufsteigt.

Eine Durtonleiter ist eine Reihe von acht Noten, die zum Musizieren verwendet werden. Es macht Sinn, dass es viele Verwendungsmöglichkeiten für eine Tonleiter gibt.

Eine Dur-Tonleiter hat sieben verschiedene Noten {C, D, E, F, G, A und B}, die einen Akkord bilden. Bei einem Akkord spielt man eine Note nach der anderen {z.B. C}. Wenn du C auf dem Klavier, einer Orgel oder einem Cembalo spielst, ergibt das einen Akkord. Die Note D auf dem Klavier ergibt einen D-Akkord. Die beiden Noten unten (B und G) und oben (D und F) auf dem Klavier ergeben einen Bm-Akkord. Die Noten am unteren

Rand sind D, F oder G. Die Noten am oberen Rand sind C, E oder A.

Musik basiert hauptsächlich auf Tonleitern. Ein Weg, um herauszufinden, ob du Musik spielen kannst, ist, dir zu zeigen, wie man eine Tonleiter auf dem Klavier spielt. Es kann eine beliebige Tonleiter sein, aber sie sollte auf- und abwärts gespielt werden. Du solltest erkennen können, dass die Zahlen 1 bis 9 zu jeder Note gehören. Wenn du die Tonleiter zum Beispiel auf einer Oktave (acht Noten) spielst, ist die erste Zahl die 1 und so weiter. Wenn Sie auf dem Klavier auf und ab spielen, sind die Finger der linken Hand stärker beteiligt als die Finger der rechten Hand. Beginnen Sie von unten: Der Daumen liegt auf der 5. Der kleine Finger liegt auf der 1. Der Ringfinger liegt auf der 3. Der Mittelfinger liegt auf der 7. Der Zeigefinger liegt auf der 2 und so weiter. Der Daumen geht für jede neue Oktave einen Ton höher, und das gilt auch für die anderen Finger.

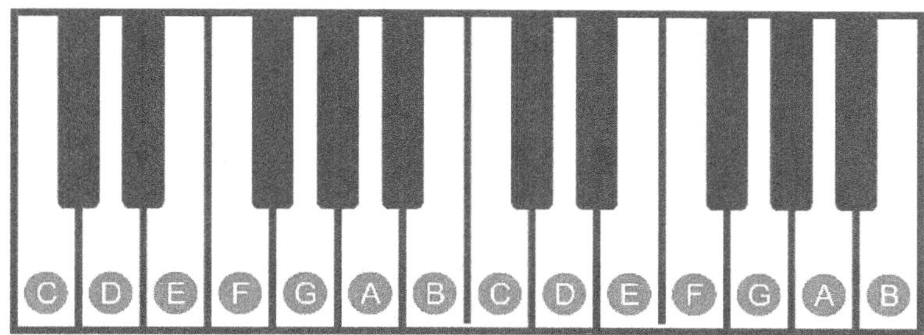

Die C-Tonleiter enthält die folgenden Noten: C, D, E, F, G und A.

Die D-Tonleiter enthält die folgenden Noten: D, E, F, G, A, B und C.

Die E-Tonleiter enthält die folgenden Noten: E, F, G, A, B, C, D und E.

Die F-Tonleiter enthält die folgenden Noten: F, G, A, B, C, D und E.

Die G-Tonleiter enthält die folgenden Noten: G, A, B, C, D und E.

Die A-Tonleiter enthält die folgenden Noten: A, B, C, D und E.

Die B-Tonleiter enthält die folgenden Noten: B , C , D, E und F.

Die C-Tonleiter enthält die folgenden Noten: C, D , E , F, G, A und B.

Die D-Tonleiter enthält die folgenden Noten: D , E , F, G , A, B und C.

Die E-Tonleiter enthält die folgenden Noten: E , F , G, A und B.

Die F-Tonleiter enthält die folgenden Noten: F , G, A und B.

Die G-Tonleiter enthält die folgenden Noten: G, A und B.

Die A-Tonleiter enthält die folgenden Noten: A, B, C , D, E und F.

Die B-Tonleiter enthält die folgenden Noten: B, C, D, E und F.

Die C-Tonleiter enthält die folgenden Noten: C, D, E, F, G, A und B.

Das Spielen von Musik hat viele Vorteile. Musik ist eine Form der Kommunikation, zum Beispiel sagt eine Person "Guten Morgen" zu einer anderen Person und die andere Person sagt "Guten Morgen" zurück. Das Gleiche gilt, wenn Sie Musik spielen. Man kommuniziert mit dem Instrument. Es ist auch eine Möglichkeit der Entspannung. Musik kann auch sehr unterhaltsam sein. Ein Instrument zu spielen kann sehr spannend sein und Spaß machen.

Wenn man ein Instrument spielt, lernt man, zuzuhören. Wenn du ein Instrument spielst, musst du der Musik zuhören. Beim Spielen eines Musikinstruments gibt es kein Reden oder Schreien. Es erfordert harte Arbeit, um ein Instrument gut spielen zu können. Das Spielen eines Instruments kann dir auch helfen, die Talente deiner Hände zu entwickeln.

Deine Hände sind das Wichtigste beim Spielen eines Instruments, sie sind für alle Bewegungen deiner Hände und Finger verantwortlich.

Der erste Schritt, um ein Musikinstrument spielen zu können, besteht darin, sicherzustellen, dass man es richtig halten kann. Die Art und Weise, wie man ein Musikinstrument hält, ist ähnlich wie die Art und Weise, wie man einen Bleistift oder eine Stricknadel hält. Die Finger werden in die Löcher des Instruments gesteckt. Wenn du ein Instrument hältst, darfst du nicht zu viel Druck ausüben. Quetschen Sie das Instrument nicht. Viele Menschen können aufgrund der Art, wie sie ihr Instrument halten, nur eine Note spielen; wenn Sie Ihr Instrument zum Beispiel zu fest halten, können Sie Ihre Finger nur schwer bewegen.

Es gibt viele verschiedene Arten von Musikinstrumenten, und es gibt viele verschiedene Musikstile. Die Musik, die man auf einem Instrument spielt, hängt davon ab, in welchem Stil man das Instrument spielt. Ein Musikstil wird "Atmosphärische Musik" genannt. Diese Art von Musik wird hauptsächlich von Orchestern gespielt. Die Instrumente, die bei dieser Art von Musik üblicherweise verwendet werden, sind Pfeife, Flöte und Harfe. Die Instrumente werden alle gleichzeitig gespielt, und die Melodien der verschiedenen Instrumente fügen sich zu einem reichen Klang zusammen.

Klavier-Akkorde

Akkorde sind einer der wichtigsten Bestandteile jeder Musik. Sie kommen in allen Arten und Genres von Musik vor, die mit Instrumenten gespielt oder geschaffen wird. Die Melodielinie wird mit verschiedenen Akkordfolgen gespielt, wenn ein Lied mit einem beliebigen Instrument gespielt wird. Die Grundvoraussetzungen für das Schreiben von Musik sind die Melodie und die Akkorde.

Bei der Erarbeitung eines Liedes sind mindestens zwei Instrumente erforderlich.

Unabhängig davon, wie einfach sie sind, ist eines für die Melodie und das andere für den Akkord zuständig. Auch wenn die Oktave, in der diese beiden Instrumente arbeiten, unterschiedlich ist, wie z. B. bei einem Klavier und einem Keyboard, werden diese beiden Zutaten besser mit denselben Instrumenten verarbeitet, wenn der Musiker oder der Spieler diese Zutaten genau kennt. Ohne ein Gespür dafür wird es nicht möglich sein, diese beiden Bestandteile zu verarbeiten und sie auf einem Instrument zusammenzufügen. Eine Melodie kann auch mit der Stimme erzeugt werden, d. h. durch das Singen eines Liedes.

Der Akkord ermöglicht es einem Musiker, die gleiche Melodie auf einem anderen Instrument zu spielen. Er macht es auch einem Sänger leichter, die Melodie zu singen. Ein Akkord wird immer zusammen mit der Melodie gespielt. Dies ist zwar üblich, aber nicht immer der Fall.

Wenn wir über Akkorde sprechen, bedeutet das, dass wir über eine oder mehrere Noten sprechen, die im gleichen Moment auf einem bestimmten Instrument gespielt werden. Wir sprechen zum Beispiel über das Klavier. Wenn die Tasten eines Klaviers gedrückt werden, schlagen die Hämmer oder die damit verbundenen Schlagstifte auf die Saiten des Klaviers, und das führt schließlich zur Tonerzeugung. Wenn ein Pianist also zwei oder mehr Tasten auf dem Instrument gleichzeitig drückt, hat er einen Akkord gespielt.

Akkorde sind eine Gruppe von Noten, die man synchron spielt, so dass eine Harmonie entsteht. Die Harmonie entsteht jedoch nur, wenn sich diese Noten gegenseitig ergänzen; Akkorde geben der Musik eine Melodie und einem Lied einen Rhythmus. Akkorde, die aus zwei Noten bestehen, werden als Dyaden bezeichnet, zum Beispiel Powerchords. Dreiklänge sind recht einfach und können sowohl Dur- als auch Moll-Akkorde umfassen. Es gibt auch vierstimmige Akkorde, die zu den Dur-Sieben- oder Moll-Sieben-Akkorden gehören.

Die am häufigsten gespielten Akkorde auf dem Klavier sind die Dreiklänge. Das bedeutet, dass drei verschiedene Noten, die sich voneinander unterscheiden, zusammen gespielt werden, wobei sich jede dieser Noten deutlich voneinander unterscheidet. Es gibt nur einen Grundton und die beiden anderen Akkorde, die in Abständen von einer Terz und einer Quinte von diesem Grundton entfernt und darüber liegen. Es sollte immer bedacht werden, dass die Akkorde synchron und ausgewogen sein müssen, um einen angenehmen Klang zu erzeugen.

Akkordwissen

Wenn wir von Akkordkenntnissen sprechen, meinen wir damit das Wissen darüber, welche Note welche Akkorde strukturiert, die Entwicklung, in der diese Akkorde einen Klang erzeugen, und auch die Namen der Akkorde. Es gibt viele Akkorde zu erwähnen, und es wäre unpraktisch, in diesem Buch auf jeden einzelnen einzugehen, aber die unten stehende Tabelle gibt Ihnen eine grundlegende Vorstellung davon, was Akkordwissen ist. Und das wird Sie hoffentlich auf Ihrem Weg zur Entwicklung der Akkordkenntnisse voranbringen.

Name	Formel	Notenbeispiele (in Tonart C)	Hervorgerufene Emotion
Dur	I - III - V	C - E - G	Fröhlich, Heiterkeit, Fülle
Moll	I - bIII - V	C - Es - G	Traurigkeit, Entschlossenheit
Dur 7	I - III - V - VII	C - E - G - B	Melancholie, Sanftheit

Verschiedene Arten von Akkorden

Es gibt verschiedene Arten von Akkorden und mehrere Möglichkeiten, sie zu klassifizieren. Es gibt dissonante Akkorde, die nicht gerade angenehm zu hören sind, und solche, die harmonisch sind, also angenehm für die Ohren. Es gibt auch zweistimmige Akkorde, dreistimmige Akkorde und so weiter. Es gibt sogar gebrochene Akkorde. Im Folgenden werden wir einige der verschiedenen Arten von Akkorden untersuchen.

Zweistimmige Akkorde

Ein anderer Name für diese Art von Akkorden ist Intervall. Für diejenigen, die sich mit Musik auskennen, ist ein Intervall eine Lücke, die zwischen zwei Tonhöhen liegt. Die Benennung dieser Intervalle hängt davon ab, wie viele es gibt und wie gut sie sind. Ein Intervall wird zum Beispiel als große Terz bezeichnet. Es hat eine Dur-Qualität und die Zahl drei, die dafür steht, dass ein bestimmtes Intervall drei Noten hat. Um dies zu berechnen, müssen Sie die Berechnungslinien des Notensystems und die Positionen der Noten, die das jeweilige Intervall bilden, berücksichtigen.

Stellen Sie sich zum Beispiel vor, Sie spielen die Noten C und G. Die Nummer des Intervalls dieser Note ist eine "Quinte": C, D, E, F und G. Es gibt fünf Noten, die zwischen diesen beiden Noten liegen. Diese Noten haben grundsätzlich fünf Notenzeilen nacheinander mit der der gespielten Noten - C und G. Und die Zahl hat einen der folgenden Begriffe: perfekt, erhöht, vermindert, Dur und Moll. Wie bereits erwähnt, hängt der Name eines Intervalls sowohl von der Anzahl als auch von der Qualität ab.

Akkorde, die mehr als drei Noten haben

Tertiär- oder Tetradenakkorde können aus drei Noten bestehen. Zu diesen Namen gehören veränderte Toncluster, Tonakkorde, Akkorde mit hinzugefügtem Ton, erweiterte Akkorde und sogar Septimenakkorde.

Dur-Akkorde

Die weltweit am häufigsten gespielten Akkorde sind entweder die Dur- oder die Moll-

Akkorde. Dur-Akkorde bestehen aus drei Noten, einem Grundton, einer dritten Note und einer fünften Note. Beachten Sie außerdem, dass Akkorde auch so benannt werden. Der Grundton nimmt den mittleren Teil ein, das heißt, er steht im Mittelpunkt. So hat zum Beispiel ein Akkord, der "C-Dur" genannt wird, einen C-Grundton, und dieser Grundton ist auch die tiefste Note, die er hat. Der nächste Ton ist der dritte Ton. Dieser dritte Ton ist entweder ein Ton der C-Dur-Tonleiter oder ein E.

Und die letzte Komposition eines Dur-Akkords ist der fünfte Ton. Das wird entweder der fünfte Ton der C-Dur-Tonleiter oder der G-Ton sein. Egal, was der Grundton ist, Dur-Akkorde haben immer einen Dur-Klang. Das liegt daran, dass die Halbtonschritte, die von einer Note zur anderen vorhanden sind, immer gleich bleiben, vom Grundton zur Terz ist dieser Halbtonschritt vier, während er von der Terz zur 5 drei ist. Der Abstand zwischen dem Grundton und der Terz wird als große Terz bezeichnet. Der Abstand zwischen der Terz und der Quinte wird als kleine Terz bezeichnet. Dies gilt für alle 12 Töne der chromatischen Tonleiter eines Klaviers.

Er hat auch eine Quinte, die entweder der fünfte Ton der C-Dur-Tonleiter oder ein G-Ton ist. Dur-Akkorde haben immer einen Dur-Klang, unabhängig von der Note, die den Grundton bildet. Der Grund dafür ist, dass die Anzahl der Halbtonschritte, die von einer Note zur anderen vorhanden sind, in jedem Fall gleich bleibt. Zwischen dem Grundton und der Terz beträgt dieser Halbtonschritt vier, während er von der Terz zur Quinte drei beträgt. Das Intervall zwischen dem Grundton und der Terz wird als große Terz bezeichnet. Das Intervall zwischen der Terz und der Quinte wird als a-moll Terz bezeichnet. Dies gilt für alle zwölf Töne, aus denen die chromatische Tonleiter des Klaviers besteht.

Zur Erklärung: Stellen Sie sich vor, Sie spielen einen D-Dur-Akkord. Wir wissen bereits, dass der Grundton D ist, und zählen von hier aus vier Schritte, um zur Terz zu gelangen, die Fis ist, und drei Halbtonschritte von Fis entfernt ist der Ton A.

Ein weiteres Beispiel, diesmal eine schwarze Tonart, stellen wir uns vor, wir spielen die Es-Tonart. Der Grundton ist der E-Ton, vier Halbtonschritte davon entfernt kommt man zum G-Ton, dem dritten Ton, und drei Halbtonschritte davon entfernt ist der B-Ton

Moll-Akkorde

Moll-Akkorde sind wie die Umkehrung von Dur-Akkorden. Um einen Moll-Akkord zu spielen, müssen wir wieder vom Grundton ausgehen und drei Schritte bis zur kleinen Terz gehen, und dann vier Halbtonschritte bis zur kleinen Quinte. Um zum Beispiel einen C-Moll-Akkord zu spielen, müssen wir natürlich mit C als Grundton beginnen, dann drei Schritte von C, das ist der Es-Ton, für die große Terz; vier Halbtonschritte davon entfernt ist der G-Ton.

Kurz gesagt, spielen Sie die Moll-Akkorde, indem Sie den Mittelton um einen Halbton absenken, was dazu führt, dass das Klavier einen Moll-Akkord spielt.

Verminderte Akkorde

Bestimmte Musikrichtungen und -typen wie Jazz verwenden sie. Um einen verminderten Akkord zu spielen, müssen Sie zwei kleine Terzen verwenden. Um zum Beispiel einen verminderten C-Akkord zu spielen, spielen Sie den C-Ton, der der Grundton ist, dann den Es-Ton und dann den G-Ton.

Übermäßige Akkorde

Bei Verwendung von zwei großen Terzen erhält man übermäßige Akkorde. Diese Akkorde verlaufen in entgegengesetzter Richtung zu den verminderten Akkorden.

Dissonante Akkorde

Dissonante Akkorde sind solche, deren Qualität vom erzeugten Klang abweicht. Das heißt, Akkorde klingen, die nicht besonders harmonisch sind. Als solche werden die Qualitäten entweder vermindert oder überhöht genannt. Dieser Klang ist seltsam und unangenehm. Dennoch haben sie ihre Verwendung in der Musik. Manche Musiker verwenden diese Akkorde an bestimmten Stellen in der Musik, um die Musik attraktiver und verlockender zu machen.

Gebrochene Akkorde

Wie der Name schon sagt, besteht diese Art von Akkord aus Noten, die nicht gleichzeitig gespielt werden. Das bedeutet, dass der Akkord in viele Teile in einer Sequenz unterteilt ist, die "Arpeggio" genannt wird. Dieser Begriff bedeutet, dass Sie die Akkorde in der Melodie in aufsteigender Reihenfolge aufteilen. Arpeggien sind jedoch gebrochene Akkorde. Umgekehrt ist das nicht dasselbe, denn gebrochene Akkorde sind viel mehr als nur Arpeggios.

Akkordprogressionen

Die Anordnung der Akkorde wird als Akkordfolge bezeichnet. Das bedeutet, dass eine Reihe von geordneten Akkorden als harmonische Progression bezeichnet wird. Der Grund dafür ist, dass Akkordprogressionen für die Erzeugung von Harmonie in der klassischen und amerikanischen Musik unerlässlich sind.

1. Muster

Das Erlernen weiterer Begleitmuster für die linke Hand ist wichtig, wenn man Klavier spielen möchte.

Feste und gebrochene Akkorde

Akkorde sind die einfachste Begleitung für die linke Hand, unabhängig davon, ob Sie sie als Arpeggios oder gerade Akkorde spielen. Sie können mit Grundakkorden beginnen und dann herausfinden, welche Umkehrungen für Sie besser funktionieren, ohne dass Sie Ihre linke Hand über die ganze Tastatur bewegen müssen. Versuchen Sie auch, mit verschiedenen rhythmischen Mustern zu experimentieren. Die Struktur kann verändert werden, und Sie können mit der linken Hand für Abwechslung sorgen. Verwenden Sie die Oktave, Quinte und den Grundton der Akkordskala für jedes Akkordsymbol. Bilden Sie nun während des gesamten Stücks, das Sie spielen, ein auf- und absteigendes Muster. Dieses Muster kann sowohl bei schneller als auch bei langsamer Musik gespielt werden.

Akkorde zupfen

Für die Country-Musik ist das Akkordpicking mit der linken Hand gut geeignet. Dieses Muster kann jedoch auch auf jede andere Musik angewendet werden. Viele Akkorde enthalten einen Grundton mit Terz- und Quintintervallen. Diese drei Elemente müssen bekannt sein, wenn man Akkordpicking erfolgreich ausprobieren will. Um dieses Muster zu spielen, müssen Sie einen Akkord in den Grundton und zwei Kopfnoten zerlegen. Auf Schlag 1 sollten Sie den Grundton spielen, auf Schlag 2 die beiden Kopfnoten. Du kannst etwas anderes ausprobieren, wenn du auf dem dritten Schlag spielst, damit es eindrucksvoller klingt. Versuchen Sie, dieses Muster bei einem Musikstück zu verwenden, um es auszuprobieren. Sie werden sehen, welch schwungvollen Rhythmus es erzeugt, ohne dass Sie ständig auf Ihre Hände schauen müssen.

Oktav-Hämmern

Es ist ein lustiger und unkomplizierter Groove, wenn Sie nur Akkorde mit der rechten Hand spielen. Dieses Muster ist jedoch nicht praktikabel, wenn Sie etwas Komplizierteres wie eine Melodie mit der rechten Hand spielen. Für das Oktav-Hämmern müssen Sie Ihre linke Hand in eine Oktavposition bringen. Daumen und kleiner Finger sollten auf den beiden Noten liegen, und das Handgelenk sollte so locker sein, dass es im richtigen Rhythmus mitschwingen kann. Deine Hand sollte in der Oktavlage bleiben, wenn der Akkord wechselt und du zum nächsten Oktavsatz übergehst. Sie können alles ausprobieren, von halben über ganze bis hin zu acht Noten, während Sie die Oktaven spielen, und sehen, was für Sie am besten klingt. Wenn Sie mit der Harmonielehre vertraut sind, können Sie einige Oktavmuster für die linke Hand mit Oktaven auf den Noten der Akkorde hinzufügen.

Hüpfende Muster

Sie können auch ein rockiges Klangmuster ausprobieren. Dabei werden die Quint-, Oktav- und Sextintervalle des Akkords verwendet, um ein gutes Bassmuster zu erzeugen.

Melodischer Bass

Einige weit verbreitete Patterns sind sogar noch berühmter als die Leads, die sie begleiten. Man braucht nur 3 Noten aus jeder Akkordskala, und das sind der Grundton, die Quinte und die Sexte. Diese können wiederholt hin und her gespielt werden.

Strategien für das Klavierspiel

Wenn Sie so schnell wie möglich ein guter Pianist werden wollen, ist es wichtig, eine Strategie zu haben. Das bedeutet, dass Sie einen Aktionsplan brauchen, der klar definiert ist. Wenn Sie weiter lesen, werden Sie eine Strategie kennenlernen, die sich bei vielen anderen Klavierspielern bewährt hat. Das Wichtigste ist jedoch, dass Sie nur dann ein guter Pianist werden können, wenn Sie ständig und gezielt üben. Allein die Absicht, ein guter Pianist zu werden, reicht nicht aus, wenn Sie sich nicht anstrengen.

Definieren Sie Ihr Ziel

Es ist wichtig, dass Sie sich zu Beginn ein genau definiertes Ziel setzen. Überlegen Sie, welches Niveau Sie in welcher Zeit erreichen wollen. Überlegen Sie, wie viel Zeit Sie bereit sind, in das Üben zu investieren, und wo Sie von diesem Niveau aus hinwollen. Überlegen Sie sich diese Dinge, bevor Sie mit dem Klavierlernen beginnen, und seien Sie bereit, so viele Stunden wie nötig zu investieren, um Ihr Ziel zu erreichen.

Aufwärmen

Das Aufwärmen ist der nächste Teil der Strategie für Ihr Klavierspiel. Spielen Sie nicht, ohne sich aufzuwärmen. Es mag verlockend sein, einfach drauflos zu spielen, aber das kann zu Karpaltunnel oder Sehnenscheidenentzündung führen. Wenn Sie sich aufwärmen, können Sie sich darauf vorbereiten, weiter zu spielen, ohne sich selbst zu gefährden.

Üben Sie die Grundlagen

Ein weiterer wichtiger Aspekt der Strategie ist das ständige Üben der Grundlagen. Dazu gehören Tonleitern, Timing und Genauigkeit. Selbst Meisterpianisten achten darauf, die Grundlagen des Klavierspiels zu üben, damit sie sich verbessern können. Nehmen Sie sich jeden Tag Zeit, um diese Grundlagen zu üben und Ihre Fähigkeiten zu verbessern.

Langsam angehen

Es ist unpraktisch, sofortige Befriedigung zu erwarten. Niemand kann an einem Tag Klavier spielen lernen. Man muss es langsam angehen und seine Fortschritte beobachten. Sie werden vielleicht langsam besser werden, aber mit der Zeit werden Sie sich definitiv verbessern. Wenn Sie die Kunst des Klavierspiels beherrschen wollen, sollten Sie den Prozess nicht überstürzen.

Von den Meistern lernen

Für jeden angehenden Pianisten ist es wichtig, Meisterpianisten zu hören und von ihnen zu lernen. Es wird bestimmte Pianisten geben, deren Musik man lieber mag als andere. Das Zuhören und die Liebe zur Musik werden Ihnen helfen, inspiriert zu bleiben und viel über die Klänge zu lernen, die von einem Klavier erzeugt werden.

Pausen machen

Beständigkeit und Hingabe sind wichtig, aber das Klavierspielen sollte nicht zu einer lästigen Pflicht werden. Sie sollten Spaß daran haben, ohne sich zu viel auf einmal vorzunehmen. Üben Sie regelmäßig, aber machen Sie Pausen, wenn es nötig ist. Das Beste, was Sie mit Musik erreichen können, ist Freude. Wenn Sie es zu einer lästigen Pflicht machen, wird Ihnen die Freude an der Musik genommen.

1. **Tipps und häufige Fehler**

Es erfordert viel Arbeit, Klavier zu lernen. Am Anfang gibt es viel zu lernen, Fehler zu machen und zu wachsen. Die meisten Anfänger machen beim Spielen und Üben eine Menge Fehler. Wir haben einige der häufigsten Fehler zusammengestellt, die häufig vorkommen, und einige Tipps, wie Sie sie vermeiden können.

Nicht auf den korrekten Fingersatz achten

Dies ist ein häufiger Fehler, den die meisten Anfänger zu wiederholen scheinen. Sie haben das Gefühl, dass es unnötig und unbequem ist, also ignorieren sie den Fingersatz. Auf lange Sicht macht dies jedoch einen großen Unterschied, da es viel schwieriger wird, komplexe Musikstücke zu spielen.

Wenn sich die Notenschlüssel auf Hände beziehen

Auf einer Notenseite gibt es zwei Zeilen. Die eine ist für die rechte Hand, die andere für die linke. In den meisten Fällen können Sie so bestimmen, was Sie mit jeder Hand spielen sollen. Die Notenschlüssel geben jedoch die Oktave an, die Sie spielen werden, und nicht die Hand, die Sie benutzen müssen.

Keine Unterscheidung zwischen Noten und Tonarten

Sie müssen bedenken, dass Noten nicht dasselbe sind wie Tasten. Die Tasten befinden sich auf dem Klavier, die Noten auf dem Blatt. Noten können viele verschiedene Formen annehmen und werden auf unterschiedliche Weise geschrieben.

Festhalten an C-Dur

C-Dur ist wahrscheinlich die einfachste Tonart, die man in Liedern spielen kann, da man sich nicht mit B und M herumschlagen muss. Allerdings sind nicht alle Songs in C. Man muss auch lernen, andere Tonarten richtig zu spielen.

Unter der Annahme, dass Sharps und Flats schwarze Tasten sind

Obwohl dies normalerweise der Fall ist, sind Bis und Fis weiße Tasten. Gehen Sie also nicht davon aus, dass jedes As und jedes F eine schwarze Taste ist.

Skalen vernachlässigen

Obwohl Tonleitern ein wenig sinnlos oder langweilig erscheinen können, sind sie für das Erlernen des Klavierspiels unerlässlich. Jeder, der einigermaßen gut Klavier spielen will, muss die Tonleitern beherrschen. Das Üben der Tonleitern trägt dazu bei, die Fingerfertigkeit und die Fähigkeit zum Lesen und Spielen zu verbessern.

Alles zu schnell abspielen

Die meisten Menschen glauben, dass sie ein fortgeschrittener Klavierspieler sind, wenn sie Klavier spielen können. Das ist jedoch nicht wahr. Nicht jedes Musikstück ist dafür gedacht, schnell gespielt zu werden. Wenn Sie ein langsames Stück zu schnell spielen, klingt es für das Publikum, das es hören muss, nicht angenehm. Sie sollten immer mitzählen und ein Metronom benutzen, damit Ihr Tempo richtig ist.

Spielen mit flachen Fingern

Viele Schüler beginnen das Klavierspiel mit flachen Fingern. Das bedeutet, dass die Finger flach aus der Hand ragen und der erste Fingerknöchel zusammengeklappt ist. Wenn Sie mit flachen Fingern spielen, verlangsamt das Ihre Technik und kann zu Verspannungen führen. Sie sollten immer darauf achten und mit gekrümmten Fingern spielen.

Zu nah am Klavier sitzen

Achten Sie auf den Abstand, den Sie zum Klavier einnehmen. Wenn Sie zu nah sitzen, haben Sie nicht genug Platz für Ihre Arme. Das schränkt den Bewegungsspielraum ein und führt auch zu Verspannungen in den Handgelenken.

Kein Armgewicht verwenden

Wenn Sie Klavier spielen, sollten Sie das Gewicht Ihres Oberkörpers und Ihrer Arme einsetzen. Die Finger steuern die Tasten, aber wenn man nur mit der Kraft der Finger spielt, erzeugt man nicht den richtigen Ton. Sie müssen lernen, Ihr Arm- und Körpergewicht effizient durch die Arme zu lenken, damit Sie eine große Bandbreite an Klängen und Tönen erzeugen können. Dies wird auch dazu beitragen, die Belastung der Finger zu verringern.

Behalten Sie alle oben genannten Punkte im Hinterkopf, damit Sie diese Anfängerfehler beim Klavierspielen nicht machen.

1.　　　Wie man die Monotonie beim Üben vermeidet

Seien wir ehrlich: Klavierspielen kann langweilig sein, vor allem am Anfang, wenn man nur die Theorie übt und Tonleitern spielt. Es kann sehr viel Spaß machen, aber wenn man nur immer wieder dieselben Noten spielt, ohne sie großartig zu verändern, ist es sehr leicht, sich zu langweilen oder die Lust zu verlieren. Diese Art von Burnout ist für viele Menschen ein großes Problem; es führt dazu, dass sie das Interesse verlieren, dass es ihnen schwer fällt, wirklich mit dem Üben anzufangen, und kann dazu führen, dass sie häufig aufgeben.

Wenn Sie es bis hierher geschafft haben, bis zu Buch 5, ist die Wahrscheinlichkeit groß, dass Sie alles, was Sie über das Klavier wissen müssen, lernen wollen - und das ist auch gut so! Es ist ein großartiges Instrument, das man lernen kann und das einem viel Freude bereiten kann. Wenn es darauf ankommt, wirst du feststellen, dass diese Freude zu einem Teil aus Hingabe und Fleiß und zum anderen Teil aus Einfallsreichtum besteht. Das Üben am Klavier muss Spaß machen, auch wenn es nur darum geht, die C-Dur-Tonleiter rauf und runter zu spielen, und zwar immer wieder. Es kann langweilig sein und sich wiederholen, aber es ist auch gut für dich.

In diesem Kapitel ist es an der Zeit, einen Blick darauf zu werfen, was nötig ist, um Ihr Interesse und Ihr Engagement in der Praxis aufrechtzuerhalten. Wir werden uns einige Möglichkeiten ansehen, wie Sie Ihre Übungszeit mit Herausforderungen, Zielen und anderen Methoden auflockern können, um Sie bei Laune zu halten, sich zu engagieren und mit dem Üben fortzufahren. Es muss nicht alles nur Theorie sein - Sie können auch andere Stücke lernen, und das sollten Sie auch tun. Schauen wir uns nun einige der wichtigsten Punkte an, die Sie sich merken können, um voranzukommen und die Langeweile zu vertreiben, die bei Ihnen aufkommen könnte.

Ausgleichende Zeit

Erstens kann es sehr hilfreich sein, wenn Sie Ihre Zeit realistisch einschätzen. Sie müssen nicht nur abwägen, wie viel Sie üben, sondern auch, was Sie zu einem bestimmten Zeitpunkt üben. Nehmen wir an, Sie haben sich zum Ziel gesetzt, an vier Tagen in der Woche mindestens 45 Minuten zu üben, dann müssen Sie sich dazu verpflichten und sich daran halten. Es kann jedoch sehr hilfreich sein, einen guten Zeitplan aufzustellen, der Ihnen hilft, dieses Ziel zu erreichen. Letztendlich werden Sie feststellen, dass der Aufwand, den Sie in Ihre Planung stecken, Sie länger auf Kurs halten kann. Wenn Sie sicherstellen wollen, dass Sie konsequent sind, ist das der beste Weg.

Außerdem kann es hilfreich sein, je nach Tag verschiedene Übungen zu machen. Vielleicht üben Sie am ersten Tag der Woche Musik aus Ihren Lieblingsvideospielen oder -filmen. Am zweiten Tag der Woche üben Sie eher klassische Musik. Am dritten Tag könntest du am Auswendiglernen arbeiten, und am vierten Tag könntest du ein bisschen von allem machen. Sie können auch alle drei Phasen an einem Tag durchlaufen, indem Sie 15 Minuten Auswendiglernen, 15 Minuten klassische Anwendung und dann 15 Minuten etwas Unterhaltsames üben, so dass Sie Ihre Sitzungen immer mit einer guten Note beenden können. Was Sie tun, bleibt letztlich Ihnen überlassen, und Sie können so ziemlich alles wählen, was Ihnen Spaß macht und Sie bei der Stange hält.

Wichtig ist nur, dass ein Drittel der Zeit für Theorie und Fertigkeiten wie Tonleitern und Arpeggios aufgewendet wird, ganz gleich, wie Sie sich entscheiden, dies umzusetzen.

Praktische Anwendungen

Wenn du feststellst, dass du bei einer Sache nicht weiterkommst oder mit bestimmten Bewegungen oder Phasen, in denen du etwas Bestimmtes tun musst, wirklich zu kämpfen hast, kannst du das beheben, indem du dir etwas suchst, das dir Spaß macht und bei dem diese Anwendungen im Vordergrund stehen. Wenn du mit einer bestimmten Theorie nicht weiterkommst und sie verinnerlichen willst, ist es am besten, wenn du sie auf eine Art und Weise übst, die dir Spaß macht. Suchen Sie nach anderen Liedern, in denen diese Skalen oder Theorien ebenfalls verwendet werden - es gibt wahrscheinlich viele davon, vor allem, wenn Sie sich in der Anfängerphase befinden, in der Sie noch alles lernen. Wenn Sie es richtig machen, werden Sie feststellen, dass das Lernen von langweiligen Dingen gar nicht so langweilig sein muss.

Mit einem Freund üben

Haben Sie einen Freund oder eine Freundin, der/die ebenfalls Klavier spielen lernt? Du könntest auch mit ihnen üben, um die Sache ein bisschen angenehmer zu machen. Selbst wenn Sie keine Freunde haben, die aktiv mitspielen, finden Sie online sicher jemanden, der ungefähr das gleiche Niveau hat und Ihnen helfen kann, sich zu motivieren. Du könntest auch deinen Partner oder deinen besten Freund bitten, mitzumachen, und du wirst überrascht sein, wenn du hörst, dass sie ebenfalls daran interessiert sind. Viele Menschen haben schon einmal darüber nachgedacht, Klavierspielen zu lernen, aber nie die Zeit oder die Energie dafür gefunden. Es kann jedoch einen großen Unterschied machen, wenn man jemanden findet, mit dem man es gemeinsam tun kann. Wenn Sie einen Freund haben, mit dem Sie zusammen spielen können, können Sie und Ihr Freund sich gegenseitig herausfordern, so dass Sie beide am Ball bleiben. Sie können die Art und Weise, wie Sie sich engagieren, ändern, um sicherzustellen, dass Sie letztendlich besser in der Lage sind, sich um die Praxis zu kümmern, ohne dass es sich so langweilig anfühlt.

Abwechslung in der Zeit

Es gibt so viel, was man wissen muss, wenn es um das Erlernen des Klaviers geht, und eine der besten Möglichkeiten, sich nicht zu sehr zu langweilen, besteht darin, dafür zu sorgen, dass man ständig an verschiedenen Dingen arbeitet. Vielleicht findest du es zum Beispiel langweilig, immer wieder die gleichen Tonleitern rauf und runter zu spielen - das kann wirklich langweilig sein. Wie wäre es aber, wenn Sie sich stattdessen die Zeit nehmen würden, sich an einem Tag mit mehreren verschiedenen Dingen zu beschäftigen?

Verbringen Sie einige Zeit damit, sich mit etwas Technischem aufzuwärmen, und verbringen Sie dann ein wenig Zeit damit, diese Tonleitern und andere Notenleseübungen zu lernen. Gehen Sie dann zu etwas weiter, das ebenfalls anders ist. Wenn Sie ständig neue Dinge üben, werden Sie feststellen, dass das Üben selbst einfach wird und sogar Spaß macht. Sie werden ständig an verschiedenen Dingen arbeiten, und das ist sehr wichtig. Sie können auch in Erwägung ziehen, das Spielen nach Gehör und die Verwendung von Diagrammen zu Ihrer Liste der Dinge hinzuzufügen, die Sie tun können, um sich selbst zu beschäftigen und Ihr Spiel angenehm zu gestalten. Sie wollen sich nicht die Zeit nehmen, sich ständig zu langweilen, also sollten Sie immer an etwas Neuem arbeiten.

Etwas Bestimmtes oder Lustiges verfolgen

Nur weil du ein Anfänger bist, heißt das nicht, dass du keinen Spaß haben kannst. Finden Sie etwas, das Ihrem Niveau entspricht, das Sie gut können und an dem Sie regelmäßig arbeiten. Vielleicht ist es ein Stück, das dich wirklich bewegt, oder ein Lieblingssong von etwas. Wenn Sie etwas haben, das Ihnen Spaß macht und das Sie nebenbei betreiben, werden Sie feststellen, dass Sie letztlich Ihre eigenen Fähigkeiten besser steigern können, wenn Sie Ihr Training absolvieren. Du könntest feststellen, dass du mit Begeisterung übst, weil du an der nächsten Zeile deines Songs arbeiten kannst, den du gerade lernst, oder weil du dich darauf vorbereitest, deine beiden Hände zusammenzulegen. Sie haben Spaß an dem, was Sie tun, weil Sie ständig etwas tun, das Ihnen wirklich Spaß macht, und das macht den Unterschied aus, wenn es darum geht, die richtigen Bewegungen und Änderungen an Ihrem Tun vorzunehmen.

Ziele setzen

Ein weiterer Punkt, der dafür sorgen kann, dass Sie sich in Ihrer Praxis nicht langweilen, ist, dass Sie sich selbst so einrichten, dass Sie ständig Fortschritte machen. Was gibt es Besseres, als sich Ziele zu setzen, damit Sie Ihre Fortschritte kontrollieren können? Wenn Sie sich Ziele setzen, sowohl kurz- als auch langfristige, können Sie sich selbst helfen, auf dem richtigen Weg zu bleiben und sich zu konzentrieren, und noch besser, Sie haben jetzt einen Maßstab geschaffen, mit dem Sie feststellen können, ob Sie in der Lage sind, die richtige Art von Fortschritt zu machen, um sicherzustellen, dass Sie in der Lage sind, die Situation zu bewältigen.

Stellen Sie sich vor, Sie setzen sich für jede einzelne Trainingseinheit ein Ziel. Das muss nichts Tiefgreifendes sein und wird es wahrscheinlich auch nicht sein, weil es nur ein kurzfristiges Ziel ist. Vielleicht wollen Sie an Ihrem Fingersatz für eine bestimmte Zeile eines bestimmten Liedes arbeiten. Vielleicht möchtest du mit deinen Fingern einen bestimmten Sprung über die Noten machen können. Vielleicht willst du eine Tonleiter richtig spielen, auch wenn du sie jedes Mal verpatzt hast. Diese kleinen Ziele helfen dir, dich zu konzentrieren. Sie sorgen dafür, dass du das Ziel vor Augen hast, und sie helfen dir dabei, herauszufinden, was deinen Erfolg ausmachen wird.

Alternativ dazu sollten Sie sich auch längerfristige Ziele setzen. Sie könnten zum Beispiel beschließen, dass Sie bis zum Ende des Monats die Filmmusik Ihres Lieblingsfilms spielen wollen, und Sie nehmen sich vor, dies zu erreichen. Das bedeutet, dass Sie ständig auf das Ziel hinarbeiten, diese Filmmusik spielen zu können, und dass Sie sich wöchentlich Gedanken darüber machen, was Sie tun müssen, um dieses Ziel zu erreichen. Man kann sich ständig um dieses Ziel bemühen, so dass man nicht das Gefühl hat, zurückzubleiben oder nicht die richtigen Fortschritte zu machen. Dieses längerfristige Ziel gibt allem seine eigene Klarheit und seinen eigenen Fokus. So bleiben Sie auf Kurs, und das ist wichtig.

Herausforderungen stellen

Auf ähnliche Weise können Sie sich selbst kleine Herausforderungen stellen. Sie könnten sich zum Beispiel sagen: "Okay, ich spiele diese Zeile mit geschlossenen Augen" oder "Okay, versuchen wir, eine Oktave höher zu gehen". Ganz gleich, welche Herausforderungen Sie sich stellen, wenn sie Ihnen etwas geben, auf das Sie hinarbeiten können, das Spaß macht und aufregend ist, aber nicht unbedingt zwingend zu Ihrem Ziel führt, können Sie Wege finden, wie Sie auf dem richtigen Weg bleiben.

Es gibt alle möglichen Herausforderungen, die Sie sich selbst stellen können und die Sie mehr als je zuvor beschäftigen werden. Sie können insbesondere versuchen, einige davon in Betracht zu ziehen:

- Ich möchte diese Zeile dreimal schnell spielen, ohne einen Fehler zu machen
- Ich möchte dies mit beiden Händen spielen, indem ich die gleichen Noten in verschiedenen Oktaven spiele
- Ich möchte das auswendig lernen und es spielen, ohne zu schauen und ohne es zu vermasseln.
- Ich möchte das ändern und stattdessen einen schwingenden Rhythmus einführen.

- Ich möchte dies mit einem Wechsel in Dur spielen
- Ich möchte dies spielen und diese normalerweise fröhliche/traurige Musik traurig/glücklich klingen lassen

Es gibt so viele verschiedene Möglichkeiten, wenn man bereit ist, danach zu suchen - man muss nur wissen, wo man anfangen soll.

Sich selbst für seine Leistungen belohnen

Als nächstes sollten Sie sich selbst belohnen, wenn Sie eines Ihrer Ziele erreicht haben. Wenn Sie zum Beispiel ein langfristiges Ziel haben, sollten Sie sich selbst belohnen. Sie können Ihre Fortschritte auch daran ablesen, wie viele der geplanten Tage Sie trainiert haben, um sich selbst zu belohnen. Wenn Sie sich ständig für Ihre Erfolge belohnen, ist das eine gute Möglichkeit, sich langfristig zu motivieren.

Überlegen Sie sich, ob Sie ein Fortschrittsprotokoll führen wollen. Jedes Mal, wenn Sie einen Monat lang die geplanten Übungen nicht verpasst haben, sollten Sie sich etwas gönnen. Wenn Sie Ihre Ziele erreicht haben, sollten Sie sich ebenfalls belohnen. Das ist gut für Sie - so bleiben Sie langfristig motiviert und haben nicht das Gefühl, dass Sie nachlassen, nur weil Sie keinen Sinn darin sehen.

Manche Menschen brauchen einfach diesen inhärenten Motivator, um weiterzumachen, und wenn Sie zu denen gehören, die extrinsisch motiviert sind, kann es nicht schaden, dies zu Ihrem Vorteil zu nutzen. Man kann es weit bringen, wenn man weiß, was man tut und es entsprechend einsetzt. Man muss nur insgesamt motiviert genug sein.

Thematische Musik finden

Und schließlich sollten Sie überlegen, ob Sie Musik zu einem bestimmten Thema suchen und sie in Ihre Übungsreihe aufnehmen. Wenn Sie ein Übungsbuch finden, das sich um einen Film oder etwas anderes dreht, das Sie begeistert oder interessiert, werden Sie wahrscheinlich begeistert sein, mit der Übung Schritt zu halten. Es kann Ihnen sehr dabei helfen, entsprechend zu arbeiten, und wird dafür sorgen, dass Sie durchhalten können.

Thematische Musik ist sowohl online als auch in Musikgeschäften erhältlich. Überlegen Sie sich einige Themen, die Ihnen gefallen. Haben Sie einen Lieblingsfilm, der mit einprägsamer Musik unterlegt ist? Wahrscheinlich finden Sie ein Notenbuch, das Sie verwenden können. Sie müssen sich nur auf die Suche begeben und danach suchen. Versuchen Sie es - Sie werden wahrscheinlich überrascht sein.

Kapitel 5:
Alles, was Sie zum Notenlesen wissen müssen

Was Anfänger über Klaviere wissen sollten

Es ist nicht schlimm, wenn jemand erkennt, dass er ein Anfänger ist und gerade erst lernt, wie man Klavier spielt. Vielleicht haben Sie noch nie eine Klaviertastatur angefasst oder es ist Jahre her, dass Sie Klavier gespielt haben, und Sie wissen nicht mehr, wie es geht. Wenn letzteres der Fall ist, werden Sie vielleicht feststellen, dass Sie einige der Grundlagen noch einmal wiederholen müssen, und das ist auch in Ordnung so. Zu lernen, wie man anfängt und wie man Klavier spielt, ist der Schlüssel, um gute Ergebnisse zu erzielen.

Jeder hat eine andere Geschichte, warum er überhaupt Klavierspielen lernen will. Manche sind daran interessiert, Klavier spielen zu lernen und zu sehen, wie viel Spaß es machen kann. Andere wollen vielleicht etwas von dem aufarbeiten, was sie in der Vergangenheit auf dem Klavier gemacht haben, und sie freuen sich darauf, loszulegen.

Und wieder andere haben vielleicht einfach ein altes Klavier von einem Familienmitglied geerbt und denken, dass sie es gut gebrauchen können. Wie auch immer Ihre Geschichte mit dem Klavier aussieht, hier sind ein paar Dinge, die Sie beachten sollten, wenn Sie ein Klavier spielen wollen, besonders wenn Sie eine elektrische Tastatur verwenden möchten:

Zunächst müssen wir uns die Eigenschaften eines Klaviers ansehen. Die erste Frage, die sich bei der Auswahl eines Keyboards stellen kann, ist die, ob Sie in erster Linie einen akustischen Klavierklang oder etwas anderes spielen möchten. Wenn Sie sich für ein akustisches Keyboard entscheiden, müssen Sie sicher sein, dass Sie das richtige Keyboard finden, das Ihnen die richtigen Klänge liefert. Die meisten Keyboards lassen sich so einstellen, dass sie wie ein normales Klavier klingen. Da sich nicht jeder ein vollwertiges Klavier leisten kann, sei es aus Kostengründen oder aus Platzgründen - und manchmal aus beiden Gründen -, ist ein gutes Keyboard, das wie ein herkömmliches Klavier klingt, sehr wichtig.

Schauen Sie sich ein wenig um und machen Sie sich mit den Klängen und den Funktionen des Keyboards vertraut, das Sie verwenden möchten, wenn Sie diese Option wählen. Die Mitarbeiter des Musikgeschäfts, das Sie besuchen, sollten in der Lage sein, Ihre Fragen zu beantworten und Sie bei der Auswahl des richtigen Keyboards für Ihre Bedürfnisse zu unterstützen. Es gibt auch einige wichtige Funktionen, die Ihr eigenes Keyboard haben sollte, um sicherzustellen, dass es einfach ist, die gewünschten Lieder zu spielen:

2. Ein gewichteter Tastenmechanismus: Nur wenn Sie eine gewichtete Tastenmechanik für Ihre Tastatur verwenden, werden Sie das echte Klaviergefühl erleben, das Sie sich wünschen. Ohne diese Mechanik werden Sie auf einige der Klänge verzichten müssen, die Sie sich wünschen.

3. Ein Minimum von 61 Tasten oder 5 Oktaven. Ein akustisches Klavier hat 88 Tasten,

das sind etwas mehr als sieben Oktaven. Wenn Sie es also wie ein akustisches Klavier haben wollen, brauchen Sie mindestens diese Tasten. Für einige der Anfängertöne, die Sie spielen wollen, benötigen Sie wahrscheinlich nur drei Oktaven, und es gibt sicherlich Keyboards, die damit funktionieren. Da Sie aber vorhaben, von Anfängern zu Fortgeschrittenen überzugehen, wird es umso einfacher sein, Ihre Fähigkeiten später zu erweitern, je näher Sie die Tastatur an ein herkömmliches Klavier heranführen können.

4. Ein Minimum an einem Pedal: Viele Klaviere haben drei oder vier dieser Pedale, um die Töne zu verändern und sie zu halten. Diese Funktion wird bei einem herkömmlichen Klavier als Dämpferpedal bezeichnet, aber wenn Sie ein Keyboard verwenden, wird es als Momentanpedal oder Sustain-Pedal bezeichnet. Sie können bei Bedarf darauf verzichten, aber es macht einen Unterschied in der Musik, die Sie spielen, und es wird mehr wie ein traditionelles Klavier funktionieren, das Sie spielen wollen.

Sie können auch einen Blick auf einige der Klänge, die ein elektrisches Klavier wird auf dem Weg zu spielen. jeder Anfänger muss mit einer Art von Tastatur, die mehr als eine Art von Sound bietet unabhängig davon, was Ihr Ziel ist alles über zu gehen. In der Lage zu sein, zu hören, was man mit einer Vielzahl von Tönen spielt, wird dafür sorgen, dass man das Spielen und sogar das Üben ein bisschen besser behält. Bringen Sie etwas Abwechslung ins Spiel und sehen Sie, was das für einige der Songs, die Sie spielen wollen, bedeuten kann.

Unabhängig davon, welche Art von Klavier Sie spielen, ob es sich um ein traditionelles Klavier oder ein Keyboard handelt, sollten Sie die Anschaffung eines Schlagzeugrhythmusgerätes oder eines Metronoms in Betracht ziehen. Um Ihr eigenes Spiel zu entwickeln, brauchen Sie einen stabilen Zeitmesser, um sicherzustellen, dass der Rhythmus so solide wie möglich ist. Eines davon ist ein Metronom.

Das Metronom ist im Grunde ein Gerät, mit dem Schüler den Takt halten können, wenn sie ein beliebiges Instrument spielen. Früher war das ein Holzkasten, den man aufwickeln konnte und der einen Metallstab hatte. Wenn man ihn aufzog, schwang der Metallstab hin und her und klickte dabei. Sie können immer noch ein paar von diesen zu verwenden, aber viele der Metronome haben sich geändert, um elektrisch zu sein, und Sie können sogar einige, die auf Ihrem Handy oder Computer, wenn Sie wählen, zu verwenden.

Wenn Sie sich für ein Keyboard entscheiden, können Sie auch mit einer eingebauten Schlagzeugfunktion arbeiten, um die Beats zu halten. Sie müssen nur darauf achten, dass Sie einen gleichmäßigen Drumbeat wählen, der zu den Noten passt, die Sie spielen. Wir werden in den folgenden Kapiteln die richtige Zählweise besprechen, die Sie benötigen, um dies zu erleichtern und um Ihnen zu helfen, die gewünschten Noten mit dem richtigen Sound zu spielen.

Es gibt auch einige andere Hilfsmittel, die das Studium und das Erlernen des Klaviers ein wenig einfacher machen. Wenn Sie planen, Klavierunterricht zu nehmen oder Klavier zu studieren, oder wenn Sie feststellen, dass Sie ein wenig Hilfe brauchen, um sicherzustellen, dass Sie das Spielen lernen können, sollten Sie einen einfachen Onboard-Recorder verwenden. Dies ist nützlich, um sicherzustellen, dass Sie Ihr eigenes Spiel aufnehmen. Wenn Sie fertig sind, können Sie sich den Ton anhören und beurteilen, was Sie gut machen und was Sie verbessern können.

Das ist nur eines der Dinge, mit denen du dein Spiel ein bisschen besser machen kannst. Du kannst all die verschiedenen Dinge erforschen, die du tun kannst, um sicherzustellen, dass du den besten Klang aus deiner Musik herausholst und um das Üben ein bisschen einfacher zu machen. Ob es nun so etwas wie diese Blockflöte ist, das Anhören von Musik im Internet, um zu sehen, wie sie klingen sollte, das Üben verschiedener Akkorde und Tonleitern und die Tipps, die wir in diesem Ratgeber und in einigen der anderen

Anfänger-Klavierbücher in dieser Reihe besprechen.

Und schließlich können wir mit den Begleitungsfunktionen arbeiten. Einige Keyboards, die Sie auswählen, können Ihnen einige andere Funktionen bieten, die Sie verwenden möchten. Einige dieser Funktionen sind nicht nur preiswerter und nehmen weniger Platz in Anspruch, sondern können auch der Grund sein, warum Sie sich für ein Keyboard statt für ein herkömmliches Klavier entscheiden sollten. Wenn Sie in der Lage sind, mit diesen Funktionen zu arbeiten, ist es möglich, einen besseren Klang zu erhalten und sogar ein paar zusätzliche Instrumente mit Ihnen spielen, die eine Menge Spaß in den Prozess sein kann.

Nachdem wir nun einen Blick darauf geworfen haben, wie man das Spielen mit der Tastatur ein wenig einfacher machen kann, müssen wir auch über die Verwendung des Klaviers sprechen. Viele der verschiedenen Funktionen und Teile, über die wir hier gesprochen haben, um die Tastatur zu erweitern, sind bereits auf dem traditionellen Klavier zu finden. Zum Beispiel sind die Fußpedale vorhanden, und Sie haben bereits alle Tasten. Denken Sie daran, dass dieses Klavier mit viel mehr Klang aufwarten wird und aufgrund der Art und Weise, wie es aufgebaut ist, etwas einfacher zu spielen ist, aber es wird nicht die Funktionen wie den Schlagzeugsound, die verschiedenen Instrumente zum Mitspielen und mehr haben.

Mit diesem Klavier können Sie sich ein paar Dinge merken, um es einfacher zu machen. Du kannst dir immer noch ein Metronom oder etwas Ähnliches besorgen, um dir beim Spielen zu helfen und dabei gute Ergebnisse zu erzielen. Es kann oben auf dem Klavier angebracht werden, so dass es etwas einfacher ist, ein traditionelles Metronom zu bekommen, wenn man möchte. Sie können die Noten auch die meiste Zeit in der Bank halten, was das Aufräumen ein wenig einfacher macht.

Das bringt uns zu der Idee, auf die Bank zu achten. Wir möchten eine Bank wählen, die einen gewissen Komfort bietet, da Sie jeden Tag etwa eine halbe Stunde auf ihr verbringen werden. Die meisten Klavierbänke bestehen aus Holz und sind flach und haben überhaupt nichts an sich. Das kann schon nach kurzer Zeit ziemlich unbequem werden, daher ist es vielleicht eine gute Idee, für etwas mehr Komfort zu sorgen. Es gibt viele Bezüge für Klavierbänke, die etwas mehr Komfort bieten und das Sitzen während des Übens erleichtern. Besorgen Sie sich eine Bank mit einer leichten Polsterung, die aber nicht zu hoch sein sollte, da es sonst schwierig ist, sich darauf zu bewegen und Sie bei Bedarf die Pedale oder den Boden nicht erreichen können.

Es gibt eine Menge Dinge, die wir beachten müssen, wenn es an der Zeit ist, am Klavierspielen zu arbeiten. Wenn man weiß, was einen erwartet, wenn man bereit ist zu spielen, und wenn man die verschiedenen Arten von Klavieren und Tastaturen kennt und weiß, welche Funktionen diese haben können, wird das einen großen Unterschied machen, wie gut man von Anfang an spielen kann.

Der Zweck von Akkordumkehrungen

Akkorde sind keineswegs statisch. Sie können umgeschichtet werden, um einen neuen Klang zu erzeugen - nur nicht mehr in der Grundstellung. Alle Akkorde, die wir bisher betrachtet haben, standen im Grundton - die tiefste Note ist der bestimmende Faktor. Manchmal sind Akkorde jedoch invertiert. Denken Sie daran, wie wir im letzten Kapitel über Arpeggios und gebrochene Akkorde gesprochen haben, als wir über die Verschiebung von Noten sprachen. Stellen Sie sich die Grundakkorde in dieser Arpeggioform vor - sie steigen die Tonleiter hinauf. Bei Umkehrungen ist die tiefste Note jedoch nicht mehr der Grundton. Nehmen Sie zum Beispiel C-Dur, dessen Grundtonform ist:

C, E, G

Und man kann sie invertieren. Sie kann die Form E, G, C annehmen, was als 1st Umkehrung bezeichnet wird. Alternativ kann die C-Note in die Mitte rücken, mit G, C, E als Reihenfolge der Noten, wobei G die tiefste und E die höchste ist. Auf diese Weise werden die Oktave und die Tonhöhe verändert, ohne dass sich dies auf die Qualität des Tons auswirkt. Sie verwenden immer noch dieselben Töne, nur in anderen Oktaven, und diese Oktavverschiebung macht den Unterschied aus.

Wenn Sie beginnen, Ihre Akkorde zu invertieren, werden Sie immer noch die gleiche Art von Ton beibehalten, aber Sie werden feststellen, dass sie alle gleich klingen. Ihre Dur-Umkehrungen, wie die oben genannten, haben alle den gleichen fröhlichen Klang wie die Grundtonform. Auch die Moll-Akkorde behalten ihre düsteren Klänge bei.

Erkennen von Grundakkorden

Der Grundakkord ist leicht zu erkennen, da er ganz unten steht. Ihr C-Dur-Dreiklang hat zum Beispiel den Grundton C - das C steht an der tiefsten Stelle, gefolgt von E und G. Dies wird als Grundtonform bezeichnet und ist die einfachste aller Optionen.

Identifizieren von 1st Umkehrakkorden

Wenn Sie stattdessen zur ersten Umkehrung übergehen, ändern Sie die Dinge. Der Grundton, in unserem Fall das C, wird sofort nach oben verschoben. Sie haben die Grundoktave verschoben, ohne den Rest der Noten zu verändern. Sie haben nun einen höheren Grundton an der Spitze. Die dritte Note, in diesem Fall das E, befindet sich am unteren Ende des Akkords mit der Quinte in der Mitte.

Dies kann auf vielfältige Weise genutzt werden, z. B. um Emotionen zu erzeugen, wenn Sie von Akkord zu Akkord wechseln. Auf diese Weise können Sie den Wechsel natürlicher und angenehmer für das Ohr gestalten, so dass er klarer wird.

Identifizieren von 2nd Umkehrakkorden

Sie können dies noch weiter umkehren, so dass die fünfte Note die tiefste ist, am unteren Ende der Sequenz, während der Grundton in der Mitte steht und die dritte die höchste Tonhöhe ist. In diesem Fall haben Sie Ihr C, E, G genommen und C und E um eine Oktave nach oben verschoben, während Sie G dort belassen haben, wo es in der Grundtonform gestanden hätte.

Wenn Sie die zweite Umkehrung verwenden möchten, haben Sie andere Möglichkeiten. Wenn du einen Refrain oder einen anderen Teil deines Songs beenden möchtest, kannst du die zweite Umkehrung verwenden, um das Ende dieses Teils deiner Musik zu markieren.

Umkehrungen üben

Um diese zu üben, müssen Sie sich mit den Akkorden und ihrer Darstellung vertraut machen. Wenn Ihnen das gelingt und Sie die Art und Weise, wie Ihre Musik gespielt wird, identifizieren können, werden Sie diese Akkorde viel eher schnell beherrschen. Verwenden Sie diese Übungen in dieser Reihenfolge, um an Ihren Umkehrungen zu arbeiten und sicherzustellen, dass Sie Ihre eigenen Umkehrungen so effektiv wie möglich beherrschen.

1. Beginnen Sie auf Ihrem Grundakkord und verwandeln Sie ihn dann mit der linken Hand in ein Arpeggio, das die Tonleiter auf- und abwärts durch die erste und zweite Umkehrung führt.
2. Beginnen Sie mit Ihrem Grundakkord und verwandeln Sie ihn in ein Arpeggio, während Sie die Tonleiter hinaufsteigen, auch mit Umkehrungen.
3. Spielen Sie Ihre Dreiklänge in der Grundstellung rechtshändig, dann wechseln Sie zur ersten Umkehrung. Dann verschieben Sie ihn um eine weitere Position zur

zweiten Umkehrung.

4. Spielen Sie Ihre Dreiklänge rechtshändig im Grundton, in der ersten, zweiten und dann wieder in der ersten und im Grundton.

5. Spielen Sie den Grundton, gefolgt von der ersten und dann der zweiten Umkehrung mit der linken Hand.

6. Spielen Sie den Grundton, gefolgt von der ersten und zweiten Umkehrung, bevor Sie wieder zur ersten und zum Grundton zurückgehen.

7. Üben Sie die Dreiklänge im Grundton, dann in der ersten und dann in der zweiten Umkehrung mit beiden Händen gleichzeitig.

Noch einmal: Die Fingersätze, die Sie dafür verwenden, sollten so gewählt werden, dass sie für Sie bequem sind. Es gibt keinen Grund, warum Sie sich abmühen sollten, alles durchzukriegen oder zu versuchen, Ihre Hände in Positionen zu strecken, die für Sie unbequem sind. Wenn Sie dies oft genug tun, werden Sie anfangen, die Geschwindigkeit zu entwickeln, die dazu gehört. Vielleicht werden Sie sogar feststellen, dass Sie diese Akkorde beim Musizieren immer häufiger verwenden.

Umkehrungen bereiten den Leuten regelmäßig Schwierigkeiten, weil sie so viel auf der Tastatur herumhüpfen, aber die Wahrheit ist, dass sie recht einfach zu lernen sein können. Man muss nur verstehen, was man tut und warum man es so tut, wie man es tut. Üben Sie weiter, nehmen Sie sich jeden Tag ein paar Minuten Zeit und arbeiten Sie immer wieder an verschiedenen Akkorden. Erinnern Sie sich an die Reihenfolge, die vorhin für das Erlernen der Akkorde empfohlen wurde - denken Sie daran, diese Reihenfolge auch für Ihre Umkehrungen zu verwenden, um einen möglichst reibungslosen Übergang zu gewährleisten. Zur Auffrischung: Diese Reihenfolge war:

Die "flachen" Akkorde

- C-Dur
- F-Dur
- G-Dur

Die Dreiecksakkorde

- D-Dur
- A-Dur
- E-Dur

Die Akkorde **des umgekehrten Dreiecks**

- Db-Dur
- Ab-Dur
- Es-Dur

Die gekippten Akkorde

- B-Dur
- B-Dur

Der schwarze Akkord

- Fis-Dur

Wenn Sie sich an diese Reihenfolge halten, werden Sie feststellen, dass es gar nicht so schwer ist, die Umkehrungen zu meistern, wie Sie vielleicht zunächst denken. Sie können es mit Leichtigkeit tun, wenn Sie sich die Zeit nehmen, zu lernen, was Sie tun. So können

Sie sicherstellen, dass Sie diese Bewegungen beherrschen und der beste Klavierspieler werden, den Sie haben.

Denken Sie daran, dass man Klavierspielen nicht von heute auf morgen lernt, sondern dass es Jahre oder sogar Jahrzehnte dauert, bis man es beherrscht. Es ist großartig, dass Sie so weit gekommen sind, und lassen Sie sich nicht entmutigen! Das Beste kommt erst noch, und wenn Sie wissen, was Sie tun, werden Sie es noch besser machen können als je zuvor. Nehmen Sie sich die Zeit und lernen Sie zuerst den richtigen Weg - Sie werden froh sein, dass Sie es getan haben!

Kapitel 6:
Praktischer Teil:

Für Elise von Beethoven

Wenn Sie auf der Suche nach einem großartigen, harmonischen Start in den Tag sind oder schon immer Klavier spielen lernen wollten, ist dies der perfekte Zeitpunkt für Sie. Für Elise von Ludwig van Beethoven ist eines dieser Stücke, das die Hörsinne mit einer sanften Progression einleitet und sie dann auf Hochtouren bringt, bevor es in einer Delikatesse endet. Es gilt seit langem als eines seiner großartigsten pianistischen Stücke. Es ist das erste Stück, das er auf seinem Flügel zu spielen lernte, auf dem er ab dem frühen Alter von 4 Jahren Unterricht nahm.

Es ist ein Stück, das bis heute von Orchestern und klassischen Musikern gleichermaßen gespielt wird. Es ist auch eines der am häufigsten aufgenommenen Stücke der Geschichte. Nur damit du es weißt, es ist ein einfaches Klavierstück, aber es ist unglaublich befriedigend, wenn du es einmal gemeistert hast. Es enthält nur 3 Noten - A

A B - in jedem Takt, die innerhalb desselben Taktes mindestens zweimal wiederholt werden. Es ist ein Stück, das es Ihnen ermöglicht, das Innenleben eines klassischen Klavierstücks kennenzulernen, und das Sie auf alle zukünftigen Stücke anwenden können, bei denen Sie einen einfachen Hintergrund für Ihre Musik wünschen.

Das Lied ist etwa 6 Minuten lang und wurde auf viele Arten aufgeführt. Während offizielle Aufnahmen in der Regel von einzelnen Pianisten gemacht werden, gibt es auch einige von Orchestern, darunter das London Pops Orchestra . Es gab auch andere Rock- und Pop-Interpretationen dieses Liedes, aber die erfolgreichste war eine Darbietung von Stevie Wonder.

Der Entertainer von Scott Joplin

Wenn man an Künstler denkt, denkt man oft an Maler, Musiker oder Komponisten. Das ist nicht immer der Fall, denn talentierte Künstler gibt es in vielen verschiedenen Bereichen. Ein solcher Künstler mit einem ausgeprägten Stil, den wir heute besonders gut kennen, war der brillante Komponist Scott Joplin.

Scott Joplins Werke wurden im Laufe der Jahre von Musikern studiert und aufgeführt und erfreuen sich bei einem breiten Publikum großer Beliebtheit. Sein Privatleben ist jedoch seit vielen Jahren ein Rätsel. Er hinterließ zwar ein einzigartiges und unterhaltsames Werk, aber Scott Joplin war viel mehr als das, was wir direkt durch seine Musik erfahren haben.

Spielen der F-Dur-Tonleiter

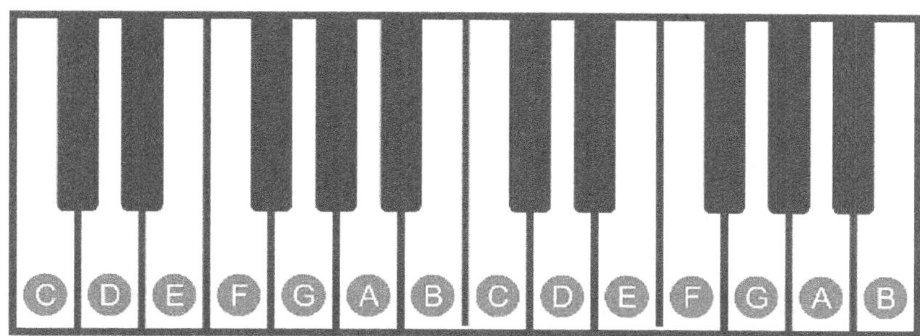

Diese Tonleiter ist etwas schwieriger zu spielen als die C-Dur-Tonleiter, weil sie einen B-Ton enthält - Sie fügen dieser Tonleiter ein Bb hinzu. Das bedeutet, dass Sie Platz haben müssen, um bis zur B-Tonart zu gehen. Mit ein wenig Geduld und Mühe kannst du aber auch diese Tonleiter selbst spielen.

Fingersatz der rechten Hand für die F-Dur-Tonleiter

Mit der rechten Hand müssen Sie in der Lage sein, einen Ihrer Finger an die schwarze Taste heranzuführen, um sie zu treffen. Die natürlichste Position ist es, Finger 4 für die schwarze Taste zu verwenden und den Daumen unter die Finger zu legen, um alles andere zu erreichen. Diese Tonleiter hat die folgenden Noten und Fingersätze:

F - G - A - Bb - C - D - E -F

1 - 2 - 3 - 4 - 1 - 2 - 3 - 4

Damit können Sie nach oben gehen - aber was ist, wenn Sie auf der Skala wieder nach unten gehen wollen?

Genau wie bei der C-Dur-Tonleiter können Sie diesen Prozess umkehren und sich nach unten vorarbeiten. Du kannst mit Finger 4 beginnen und dich nach unten vorarbeiten. Das sieht dann so aus:

F - E - D - C - Bb - A - G - F

4 - 3 - 2 -1 - 4 - 3 - 2 - 1

Fingersatz der linken Hand für die F-Dur-Tonleiter

In ähnlicher Weise spiegeln Sie mit der linken Hand meist nur die Handbewegungen, um denselben Tonleitereffekt zu erzielen. Das bedeutet, dass der häufigste Fingersatz, wenn Sie die Tonleiter aufwärts gehen wollen, folgender ist:

4 - 3 - 2 -1 - 4 - 3 - 2 - 1

Und auch hier müssen Sie die Handbewegungen spiegeln, um die Tonleiter hinunter zu gehen. Um die Tonleiter mit der linken Hand abwärts zu gehen, müssen Sie Folgendes tun:

1 - 2 - 3 - 4 - 1 - 2 - 3 - 4

Verstärkung der F-Dur-Tonleiter

Wie wir bei der C-Dur-Tonleiter gesehen haben, werden wir einige sehr wichtige Übungen durchgehen, die Ihnen helfen werden, Ihre Hände an die Bewegung zu gewöhnen, damit Sie diese Tonleiter mit Leichtigkeit meistern können. Tonleitern können von Zeit zu Zeit knifflig sein, und deshalb solltest du sicherstellen, dass du sie so gut wie möglich auswendig kennst, was der eigentliche Zweck dieser speziellen Übungsliste ist. Denken Sie daran, alle diese Übungen mindestens ein paar Mal am Tag durchzugehen.

1. Spielen Sie die F-Dur-Tonleiter einhändig eine Oktave auf und ab.
2. Spielen Sie die F-Dur-Tonleiter einhändig zwei Oktaven auf und ab.
3. Spielen Sie die F-Dur-Tonleiter beidhändig eine Oktave auf und ab.
4. Spielen Sie die F-Dur-Tonleiter beidhändig zwei Oktaven auf und ab.
5. Spielen Sie die F-Dur-Tonleiter mit beiden Händen gleichzeitig nach oben.
6. Spielen Sie die F-Dur-Tonleiter aufwärts, indem Sie Ihre linke Hand benutzen, um gleichzeitig mit der rechten Hand auf- und abwärts zu gehen.
7. Spielen Sie die F-Dur-Tonleiter viermal hintereinander mit geschlossenen Augen
8. Spielen Sie die F-Dur-Tonleiter viermal hintereinander mit geschlossenen Augen auf und ab.
9. Spielen Sie die F-Dur-Tonleiter, wobei jede zweite Note gedehnt wird.
10. Spielen Sie die F-Dur-Tonleiter mit einem traurigen Klang, dann versuchen Sie es mit einem fröhlichen.
11. Spielen Sie die F-Dur-Tonleiter in Dreiklängen einhändig aufwärts.
12. Spielen Sie die F-Dur-Tonleiter in Dreiklängen einhändig, abwärts.
13. Spielen Sie die F-Dur-Tonleiter in Dreiklängen nach oben und unten.
14. Spielen Sie die F-Dur-Tonleiter in Dreiklängen mit beiden Händen.

Lieder in F-Dur

Für den Fall, dass Sie sich ein etwas einfacheres Bild davon machen wollen, wie diese Tonleiter klingt, schauen wir uns ein paar bekannte Lieder an, die sie bereits verwenden. Von Mozart bis Beethoven, Vivaldi und Chopin - viele klassische Komponisten haben sich zumindest manchmal für F-Dur entschieden, und das aus gutem Grund. Auch neuere Rocksongs haben sich dieser Tonart bedient. Werfen wir zunächst einen Blick auf einige der populären Songs, die diese Tonart verwendet haben:

- Die Beatles: Come Together
- Die Beatles: Hey Jude
- Coldplay: The Scientist
- Miley Cyrus: Wrecking Ball
- Green Day: 21 Gewehre
- Königin: Wir sind die Champions
- Seether: Sorgloses Flüstern

Wenn es um einfachere Musik geht, werden Sie Lieder wie Alouette hören.

Alouette

Dieses Lied ist einfach, spritzig und unglaublich eingängig. Es besteht auch aus der F-Dur-Tonleiter. Um dieses Lied zu spielen, arbeitest du ausschließlich in der 4. Oktave, und du musst die folgenden Noten spielen:

F - G - A - A - G - F - G - A - F - C

F - G - A - A - G - F - G - A - F

Merrily We Roll Along

A - G - F - G - A - A - A

G - G - G - A - C - C

A - G - F - G - A - A - A

G - G - A - G - F

Bingo

C F - F - F -C - D - D - C - C - F - F - G - A- F

A - A - Bb - Bb - Bb - G - G - A - A - A

F - F - G - G -G - F - E - C - D - F - F

Weihnachtslieder

Pat-a-Pan

D -D -D -D -E -F# G -A -A -A- G -F# E -D -D -E -E -F# G -A -A -A -G F# E -D

Ab in die Krippe

James R. Murray

Strophe 1:

C G7 C

Weg in einer Krippe, keine Krippe als Bett

F C G7 C

Der kleine Herr Jesus legte sein süßes Haupt nieder

C G7 C

Die Sterne am Himmel sahen auf ihn herab, wo er lag

F C G7 C

Der kleine Herr Jesus, schlafend auf dem Heu

Refrain:

C G7 C

Das Vieh brüllt, das Baby erwacht.

F C G7 C

Aber der kleine Herr Jesus, er weint nicht.

C G7 C

Ich liebe dich, Herr Jesus! Schau vom Himmel herab.

F C G7 C

Und bleib an meiner Seite, bis der Morgen naht.

Strophe 2:

C G7 C

Sei mir nahe, Herr Jesus; ich bitte dich zu bleiben.

F C G7 C

Bleib für immer bei mir und liebe mich, ich bitte dich.

C G7 C

Segne all die lieben Kinder in deiner zärtlichen Obhut

F C G7 C

Und nimm uns mit in den Himmel, um dort mit dir zu leben.

Das erste Weihnachtsfest

Rechte Hand:

G -A -B -C -D- E- D -C -B- A -G- G- A- B -C -D -E -D- C- B -A -G -A -G

Linke Hand:

D -G -D -A -D

Freude in der Welt!

Rechte Hand:

G -G -A -B -D- D -B -A -G -G -A -B -A -G

Linke Hand:

D -D -G -G

Jingle Bells

E -E- E- E- E -E -E -G -C -D -E

E- E- E -E- D -D -E -D- G

Stille Nacht

Rechte Hand:

G- G -E -G -A -G -E -D -C

C -C -G -G -A -G -E -D -C

G -G -E -G -A -G -E -D -C

C -C -G -G -A -G -E -D -C

Linke Hand:

G -G -G -G

C -C -G -G

G -G -G- G

C -C- G -G

Wir drei Könige

Strophe:

Gm - D7 - Gm - D7

Gm - D7 - Gm - D7

Gm - D7 - C - D7

Gm - D7 - Gm - Gm

Refrain:

Gm - D7 - Gm - D7

Gm - D7 - Gm - D7

Gm - D7 - C - D7

Gm - D7 - Gm – Gm

Denn er ist ein lustiger Kerl

Der Begriff "a tempo" bedeutet die Rückkehr zum ursprünglichen Tempo der Komposition.

Akkordpraxis mit 5ths und 6 ths

Akkorde bestehen normalerweise aus mindestens drei Noten. Sie können Akkorde jedoch auch mit nur zwei Noten annähern. Die nächste Übung ist eine Einführung in Akkorde mit diesem Ansatz. Die Akkordsymbole über dem Notensystem sind ebenfalls unvollständig, aber sie zeigen an, welche Akkorde angedeutet sind.

Üben Sie jede Zeile separat mit den Händen und verwenden Sie die Finger 1 und 5 für alle Akkorde. Wenn Sie von einem Takt zum nächsten gehen, achten Sie darauf, welche Noten sich bewegen und welche gleich bleiben.

Beginnen Sie auf der angegebenen Note und erarbeiten Sie die Melodie von Merrily We Roll Along (Mary Had a Little Lamb). Finden Sie dann anhand der oben genannten Akkorde heraus, welcher Akkord bei jedem Takt am besten klingt.

Das Symbol "sfz" steht für ein Sforzando, was bedeutet, dass die Note plötzlich und akzentuiert gespielt werden sollte.

"Rit." ist eine Abkürzung für das italienische *ritardando*, was bedeutet, dass das Tempo allmählich verlangsamt wird.

Geh und sag es Tante Rhody

American Folk Song

E -E -F -G -G -F -E -D -C -C -D -E -E -D -D -D

E -E -F -G -G -F -E -D -C -C -D -E -D -C

Linke Hand:

C -C -C -C -C -C -C -C -C

G -G -G -G -G -G -G -G -G

C -C -C -C -C -C -C -C -C

G -G -G -G -G -G -G -G -G

Londoner Brücke

Traditionell

Rechte Hand:

G -G -A -A -G -F -F

G -G -A -A -G -F -F

E -E -D -D -C -C

G -G -A -A -G -F -F

Linke Hand:

C- C -C -C -C -C -C -C- C

G -G -G -G -G -G -G -G -G

C -C -C -C -C -C -C -C -C

G- G -G -G -G -G -G -G -G

Das folgende bekannte Stück besteht ausschließlich aus harmonischen Intervallen. Bei Sekundenintervallen stehen die Noten zur besseren Lesbarkeit nebeneinander. Größere Intervalle sind vertikal gestapelt. Beachten Sie, dass die Noten in Terzen, Quinten und Septimen entweder auf Linien oder auf Leerzeichen stehen, während bei Intervallen von Quarten, Sexten und Oktaven eine Note auf einer Linie und die andere auf einem Leerzeichen steht.

BONUS:
YouTube-Videos mit praktischer Ausführung der im Buch zitierten Songs

https://youtu.be/wfF0zHeU3Zs

Beethoven - Für Elise

https://youtu.be/TSoXBkF832I

Scott Joplin - Der Entertainer

https://youtu.be/CfqTNOEswpM

Dur-Tonleitern: Wie man die F-Dur-Tonleiter auf dem Klavier spielt (rechte und linke Hand)

https://youtu.be/aeEmGvm7kDk

Mozart - Rondo Alla Turca (Türkischer Marsch)

https://youtu.be/PU3JOx-qoTI

Largo (aus "Die neue Welt") ♪ Klavier | Alfred's 1

https://youtu.be/fcvChvZDvrY

Leichtes Klavier-Tutorial: Londoner Brücke

Schlussfolgerung

Vielen Dank, dass Sie es bis zum Ende von Piano Music geschafft haben. Ich hoffe, es war informativ und hat Ihnen das nötige Rüstzeug gegeben, um Ihre Ziele zu erreichen, was auch immer das sein mag.

Der nächste Schritt besteht darin, einige der verschiedenen Techniken in diesem Leitfaden anzuwenden, um mehr über das Klavierspielen zu lernen. Es handelt sich um einfache und umsetzbare Techniken, die Ihnen helfen werden, mit dem Klavierspielen zu beginnen, selbst wenn Sie Anfänger sind. Wir haben einige einfache Ideen erforscht, wie die Taktart, wie man die Noten zählt, während man spielt, wie man mit Pausen arbeitet und sogar, wie man einige der grundlegenden Lieder spielt, die man spielen möchte.

Es ist sehr wichtig, dass Sie die Ratschläge in diesem Leitfaden befolgen und jeden Tag mindestens ein paar Minuten üben. Das ist der beste Weg, um sich an die Funktionsweise des Klaviers zu gewöhnen und kann Ihnen helfen, all die Fähigkeiten zu entwickeln und zu stärken, über die wir gesprochen haben. Die gute Nachricht ist, dass wir viele verschiedene Beispiele für gute Methoden zum Üben des Klaviers durchgespielt haben, und Sie können diejenige auswählen, die für Sie am besten funktioniert.

Es gibt viele großartige Instrumente, mit denen du arbeiten kannst, aber das Klavier ist eine gute Wahl, um musikalische Fähigkeiten zu erlernen und dich gleichzeitig darauf vorzubereiten, mit anderen Instrumenten umzugehen, die dich vielleicht interessieren. In diesem Leitfaden haben wir uns die Zeit genommen, Ihnen zu zeigen, wie Sie anfangen können und wie einfach die Arbeit mit dem Klavier sein kann. Wenn Sie bereit sind, Ihre Reise mit dem Erlernen des Klavierspiels zu beginnen und es gut zu spielen, stellen Sie sicher, dass Sie sich diesen Leitfaden ansehen, um den Einstieg zu erleichtern.

Wenn Sie dieses Buch in irgendeiner Weise nützlich fanden, freuen wir uns über eine Rezension auf Amazon!